PUBLIÉ SOUS LA DIRECTION
DE LA
SECTION HISTORIQUE DE L'ÉTAT-MAJOR DE L'ARMÉE

Pichegru a-t-il trahi à Mannheim ?

(SEPTEMBRE 1795)

PAR

le Capitaine d'infanterie breveté H. BOURDEAU

DE LA SECTION HISTORIQUE DE L'ÉTAT-MAJOR DE L'ARMÉE

PARIS
LIBRAIRIE MILITAIRE R. CHAPELOT ET Cie
IMPRIMEURS-ÉDITEURS
30, Rue et Passage Dauphine, 30

1909

Tous droits réservés.

Pichegru a-t-il trahi

à Mannheim ?

(SEPTEMBRE 1795)

8° Lh⁵
1836

PARIS — IMPRIMERIE R. CHAPELOT ET C⁰, 2, RUE CHRISTINE.

 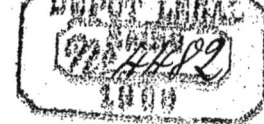

PUBLIÉ SOUS LA DIRECTION
DE LA
SECTION HISTORIQUE DE L'ÉTAT-MAJOR DE L'ARMÉE

Pichegru a-t-il trahi à Mannheim ?

(SEPTEMBRE 1795)

PAR

le Capitaine d'infanterie breveté **H. BOURDEAU**

DE LA SECTION HISTORIQUE DE L'ÉTAT-MAJOR DE L'ARMÉE

PARIS
LIBRAIRIE MILITAIRE R. CHAPELOT ET Cie
IMPRIMEURS-ÉDITEURS
30, Rue et Passage Dauphine, 30

1909

Tous droits réservés.

Pichegru a-t-il trahi à Mannheim ?

(SEPTEMBRE 1795)

---

§ 1ᵉʳ. — La campagne de 1795 et le rôle attribué à Pichegru.

Rarement campagne débuta d'une manière plus heureuse que celle de 1795. Après de longs mois passés dans une inaction à peu près complète motivée par l'indécision de notre politique extérieure (1) autant que par l'insuffisance de nos moyens matériels (2), les armées de Sambre-et-Meuse et de Rhin-et-Moselle prenaient, dans les derniers jours de l'an III, la plus fructueuse offensive.

Le 21 fructidor (7 septembre 1795), Jourdan parvenait à franchir le Rhin par surprise près de Düsseldorf avec la gauche de l'armée de Sambre-et-Meuse. Quelques jours après, renforcé de la majeure partie de son armée, il arrivait sur la Lahn, refoulant devant lui l'armée autrichienne du Bas-Rhin, commandée par Clerfayt.

---

(1) Capitaine H. Bourdeau, *Les armées du Rhin au début du Directoire*, p. 55 et suivantes.
(2) *Ibid.*, p. 72 à 77 et 90 à 95.

Au même moment (1), Pichegru obtenait, sur la simple menace d'un bombardement, la reddition de la place de Mannheim. L'armée de Rhin-et-Moselle se trouvait ainsi, grâce à cet heureux coup de fortune, en mesure de franchir le Rhin sur les derrières même de Clerfayt. L'armée ennemie du Haut-Rhin, échelonnée depuis la Murg jusqu'à la Suisse, semblait dans l'impossibilité d'intervenir en temps utile. Par surcroît, la place de Heidelberg, qui assurait la liaison des deux armées autrichiennes et dans laquelle d'importants approvisionnements avaient été réunis, se trouvait directement menacée et n'avait dans son voisinage que deux assez faibles détachements de quelques bataillons, l'un sous Zehentner, au Nord du Neckar, l'autre sous Quosdanovich, au Sud de cette rivière.

Pichegru paraissait donc à ce moment l'arbitre de la situation. Qu'il fît passer le Rhin, les 5e et 6e jours complémentaires (21 et 22 septembre), à 25,000 ou 30,000 hommes et que, après s'être débarrassé de Zehentner et de Quosdanovich, il remontât vivement vers le Main, c'en était fait de l'armée du Bas-Rhin. Le sort de la campagne était irrémédiablement décidé.

Malheureusement l'opération ne fut pas exécutée dans des conditions de moment et d'effectif aussi favorables et aussi nécessaires. C'est seulement les 2 et 3 vendémiaire (23 et 24 septembre) que deux faibles divisions de l'armée de Rhin-et-Moselle, les 6e et 7e, à peine renforcées d'une brigade de la 5e, — en tout 10,000 à 12,000 hommes, — vinrent faire effort sur le détachement de Quosdanovich. Par un fâcheux concours de circonstances, elles le firent dans des conditions si défectueuses qu'elles échouèrent complètement et durent se replier aux abords de Mannheim, fort dé-

---

(1) 4e jour complémentaire an III (20 septembre).

moralisées et incapables de renouveler de sitôt leur tentative.

L'occasion était dès lors perdue de séparer les armées autrichiennes et de prendre Clerfayt à revers. Dès le 1er vendémiaire (23 septembre), ce général, sentant le grave péril qui le menaçait, avait décidé de se dérober à la pression de Jourdan et de rétrograder vers le Neckar. Après avoir laissé sur le Main un simple rideau, il était déjà le 24 septembre au soir à mi-chemin d'Heidelberg et se trouvait par conséquent en mesure d'opérer dès le lendemain dans le voisinage de Mannheim.

Quant à Wurmser, il avait, à la nouvelle de la capitulation de cette ville, poussé le corps de La Tour vers Heidelberg. Le 24 au soir, ce détachement atteignait Karlsruhe. En moins de deux jours, 80,000 ou 100,000 hommes des deux armées autrichiennes pouvaient dès lors effectuer leur concentration, en face des débouchés de Mannheim. La parade était prête non seulement contre toute tentative nouvelle de Pichegru, mais encore contre toute entreprise de Jourdan sur la rive gauche du Main.

Quinze jours plus tard, l'allure de la campagne se modifiait plus complètement encore. Laissant à Wurmser, qui avait rapproché de Mannheim la plus grande partie de l'armée du Haut-Rhin, le soin de s'opposer de ce côté à toute offensive de Pichegru, Clerfayt se reportait sur le Main, débordait la gauche de Jourdan en violant la ligne de neutralité déterminée par le traité de Bâle (1) et obligeait l'armée de Sambre-et-Meuse, déjà démoralisée par d'excessives privations (2), à refaire en sens inverse le trajet qu'elle venait de parcourir et à regagner son point de départ.

---

(1) Capitaine H. Bourdeau, *loc. cit.*, p. 50, note 2.
(2) *Ibid.*, p. 86.

Débarrassé de Jourdan, Clerfayt revint en hâte sur Mayence. Le 7 brumaire an IV (29 octobre), il enlevait par surprise la droite des lignes républicaines et forçait tout le corps de blocus à une retraite précipitée. Une année d'efforts et de privations se trouvait ainsi avoir été dépensée par nous en pure perte.

Nos armées n'étaient cependant point encore au bout de leurs revers. Après avoir débloqué Mayence et pris pied solidement sur la rive gauche du Rhin, Clerfayt concerta ses opérations avec celles de Wurmser. Son concours fournit à ce dernier le moyen de reprendre Mannheim, puis de passer le Rhin à son tour et de déblayer la plus grande partie du Palatinat en refoulant jusqu'à la Queich l'armée de Rhin-et-Moselle. Un retour offensif tardivement effectué sur la Nahe par le centre et la droite de l'armée de Sambre-et-Meuse ne permit pas de rétablir la situation. Jourdan envisageait déjà l'éventualité d'une retraite sur la Moselle, quand il reçut de Clerfayt, désireux de donner du repos à ses troupes épuisées, l'offre d'un armistice. Il s'empressa de l'accepter à la condition qu'il s'étendrait à l'armée de Rhin-et-Moselle.

Ainsi se terminait une campagne commencée cependant sous les plus heureux auspices et au cours de laquelle l'armée de Clerfayt avait paru un instant irrémédiablement compromise. La nullité des résultats obtenus par Pichegru après la capitulation de Mannheim devait inévitablement appeler sur sa manière de commander les plus sévères critiques. Un peu plus tard, quand on apprit ses pourparlers avec le prince de Condé, bien des contemporains n'hésitèrent point à voir dans l'échec de Mannheim une conséquence directe des relations entamées avec les émigrés, et cette thèse suscita de vives discussions. La question se raviva à plusieurs reprises et donna encore lieu, sous le Consulat, l'Empire et la Restauration, aux plus ardentes polémiques (1).

Ce n'est point cependant à travers des œuvres de parti que l'on peut découvrir la vérité en matière d'événements militaires. Il se trouve précisément que, parmi les contemporains de Pichegru, ceux qui, soit en raison de leurs connaissances techniques, soit en raison du rôle personnel qu'ils avaient joué dans la campagne de 1795, se trouvaient le plus qualifiés pour porter de justes appréciations sur les causes de son échec, paraissent avoir évité avec soin de porter contre lui une accusation précise de trahison. Ils ont en général attribué l'issue fâcheuse de la campagne à la lenteur ou à la médiocrité de ses conceptions ou bien encore à la pénurie de nos moyens d'action. Jomini n'impute l'échec de Mannheim qu'à « des fautes (2) ». C'est aussi l'avis de Dedon, qui en voit principalement la cause dans l'insuffisance de notre cavalerie et de notre artillerie (3). Gouvion Saint-Cyr déclare que Pichegru n'a pas voulu se faire battre et il place seulement à l'armistice le point de départ de sa trahison (4). Toulongeon, qui a eu les moyens de consulter tous les généraux susceptibles d'avoir une opinion sur la question, n'a formulé aucune accusation (5). Les seuls témoignages de généraux qu'on

---

(1) G. Caudrillier, *La trahison de Pichegru et les intrigues royalistes dans l'Est avant fructidor*, p. XXI à XXXIII.

(2) Jomini, *Histoire critique et militaire des guerres de la Révolution*, t. VII, p. 193.

(3) Dedon, *Précis historique des Campagnes de l'armée de Rhin-et-Moselle pendant l'an IV et l'an V*, p. XXII et XXIII.

(4) Gouvion Saint-Cyr, *Mémoires sur les Campagnes des armées du Rhin et de Rhin-et-Moselle*, t. II, p. 334 (note), 335 et 344. — Capitaine H. Bourdeau, *loc. cit.*, p. 77, note 1.

(5) Toulongeon, *Histoire de France depuis la Révolution de 1789*, t. III, p. 182 à 194.

pourrait invoquer en faveur de la thèse de la trahison sont ceux de Soult, de Savary et de Marmont. Le premier, après avoir dit qu'il ne faut pas « attribuer à toutes les actions de Pichegru, sans distinction, depuis le commencement de ses liaisons avec le prince de Condé, le caractère de la trahison », croit voir dans sa conduite à Mannheim les caractères d'une « préméditation coupable », mais il n'apporte qu'une impression et non des arguments (1). Il en est de même de Savary, dont l'impartialité peut paraître bien douteuse en raison de ses relations d'amitié avec l'Empereur (2). Quant à Marmont, son témoignage, d'ailleurs peu affirmatif, paraît singulièrement suspect : il écrit en effet que Pichegru ne fit passer le Rhin qu'à *une division* (3). D'ailleurs Marmont, comme Soult, faisait partie en 1795 de l'armée de Sambre-et-Meuse.

L'opinion publique, se conformant à l'avis exprimé par la majeure partie des gens de métier, a donc admis jusqu'à présent que Pichegru a trahi non comme général, mais comme homme politique. Aussi n'est-il point étonnant qu'une certaine surprise ait marqué l'apparition d'un ouvrage récent (4), dans lequel se trouve renouvelée et précisée l'accusation de trahison portée jadis contre Pichegru à propos de son rôle à Mannheim. L'appareil d'érudition dont l'auteur s'est entouré donnant à cette accusation nouvelle une certaine portée, il paraît intéressant de voir s'il est vraiment nécessaire de faire intervenir des influences extérieures et des calculs égoïstes pour expliquer les actes militaires de Pichegru

---

(1) Maréchal Soult, *Mémoires*, t. I, p. 253 à 257.
(2) Duc de Rovigo (Savary), *Mémoires pour servir à l'histoire de l'empereur Napoléon*, t. I, p. 9 à 11.
(3) Duc de Raguse (Marmont), *Mémoires*, t. I, p. 77.
(4) G. Caudrillier, *loc. cit.*

pendant le mois de septembre 1795. Il va sans dire que pour mener une pareille enquête en toute indépendance d'esprit et pour mettre les conclusions à l'abri de toute idée préconçue, il convient de faire momentanément abstraction des conversations, d'ailleurs bien anodines, engagées depuis la fin d'août avec des agents royalistes.

C'est donc en interrogeant seulement les faits d'ordre purement technique et en analysant les éléments *militaires* de la décision du commandement, que l'on essayera, dans cette étude, de dégager, sinon la vérité, du moins une apparence de vérité.

§ 2. — Le projet de diversion par Oppenheim.

A la fin de juillet 1795, l'Empereur, mécontent de l'inaction prolongée de Clerfayt (1), avait donné à Wurmser le commandement d'une partie des forces autrichiennes et lui avait prescrit de grouper ses forces dans le Haut-Rhin pour entreprendre un passage entre Bâle et Strasbourg. Clerfayt était invité, en conséquence, à diriger vers le Haut-Rhin les forces nécessaires pour

---

(1) Capitaine H. Bourdeau, *loc. cit.*, p. 55 et 56. — Cette inaction valut à Clerfayt de sévères reproches de l'Empereur. « Je suis très peiné, dit ce dernier le 18 juillet, que mon armée sur le Rhin continue de ne donner aucun signe de vie..... Il me revient, à mon sensible déplaisir, que le bruit se répandait, tant à l'armée que dans l'Empire, que c'était le défaut d'ordres et d'instructions de ma part qui entravait votre bonne volonté; vous savez mieux que personne ce qu'il en est. De toutes nos dépêches, il n'en existe pas une où je ne vous aie exhorté à des opérations offensives, à ne pas vous laisser prévenir par celles de l'ennemi, m'en remettant à vous-même, pour votre plus grande facilité, du choix des entreprises, et cherchant à calmer vos inquiétudes en vous absolvant d'avance de la responsabilité des événements..... » [L'Empereur à Clerfayt, 18 juillet 1795 (Vivenot, *Thugut, Clerfayt und Wurmser*, p. 166)].

porter à 75,000 hommes l'effectif de la nouvelle armée (1).

Les mouvements ainsi occasionnés et ceux que Wurmser ordonna après le 22 août, date de son arrivée, donnèrent bientôt aux agents de Bacher (2) l'impression qu'une attaque était proche.

Le 9 fructidor (26 août), Bacher signale le passage à Rastatt de nombreuses troupes se dirigeant vers le Brisgau : on a compté « vingt-huit bataillons d'infanterie, plusieurs milliers de chasseurs, les deux tiers du corps assez considérable des Manteaux-Rouges, le reste du corps franc de Michalovich et huit régiments de cavalerie ». Les routes sont couvertes de convois de munitions (3).

Le 10 fructidor, nouveau renseignement important. Les Autrichiens préparent l'établissement d'un camp considérable entre Fribourg et Saint-Georges. On prévoit son occupation par 30,000 hommes. Trois autres camps doivent être établis le long du Rhin, entre Müllheim et Vieux-Brisach : le premier à Gündlingen, le second à Rimsingen et le troisième près de Greizhausen. Chacun d'eux doit recevoir 5,000 à 6,000 hommes. Un parc de cent cinquante pièces de batterie est arrivé à Fribourg, où le général Wurmser est de sa personne depuis le 6 fructidor. Les préparatifs paraissent devoir être terminés d'ici quatre ou cinq jours (4).

A ces renseignements déjà significatifs, Bacher en ajoute le lendemain de plus précis encore : cent cinquante pontons sont entre Kehl et Offenburg ; ils doivent

---

(1) L'Empereur à Clerfayt, 30 juillet 1795 (Vivenot, *loc. cit.*, p. 172).
(2) Bacher était le premier secrétaire interprète de Barthélemy, notre ambassadeur à Bâle : il s'occupait spécialement du service des renseignements en Allemagne et en Suisse.
(3) Bulletin de Rastatt, 9 fructidor, transmis par Bacher.
(4) Bulletin de Krotzingen-en-Brisgau, 10 fructidor (27 août).

remonter le Rhin jusque vers Neuenburg. Les Autrichiens se proposeraient de passer le Rhin entre Ottmarsheim et Kembs. On attend à Fribourg un courrier portant des ordres définitifs de Vienne. On prête enfin aux émigrés l'intention de pénétrer en Franche-Comté en violant la neutralité de la Suisse, et notre ambassadeur a déjà mis les autorités de Bâle en demeure de s'opposer, le cas échéant, à cette tentative (1).

Le même jour, Bacher communique l'effectif des troupes que les Autrichiens veulent réunir entre Rastatt et Bâle. Il comportera 64,000 hommes, dont 30,000 entre Fribourg et Krötzingen, 20,000 dans plusieurs camps entre Vieux-Brisach et Rheinfelden, 14,000 échelonnés en petits camps de Fribourg à Rastatt. Si le passage a lieu, il paraît devoir s'effectuer par les îles du Rhin, en amont et en aval de Neuenburg (2).

Tous ces renseignements étaient adressés simultanément à Pichegru (par l'intermédiaire de Desaix, commandant l'aile droite) et au Comité de Salut public. Celui-ci n'avait pas encore eu connaissance de l'important bulletin du 9 fructidor, quand il reçut de Jourdan l'avis que l'ennemi (armée du Bas-Rhin) continuait à recevoir continuellement des secours du Haut-Rhin, qu'il avait déjà un camp considérable vers Düsseldorf, un camp volant vers Mülheim, un autre camp volant devant Bonn, un de 25,000 hommes derrière Neuwied, et qu'il recevait et attendait encore de nouveaux renforts (3).

---

(1) Bulletin de Fribourg, 11 fructidor.
(2) Bacher au Comité de Salut public, Bâle, 11 fructidor; à Pichegru, Bâle, 13 fructidor. — Ces deux lettres bien que portant des dates différentes sont rédigées dans les mêmes termes.
(3) Jourdan au Comité de Salut public, Coblentz, 1er fructidor (18 août).

Soit qu'il eût été mal renseigné, soit qu'il fût par trop circonspect, Jourdan, en cette circonstance, avait singulièrement grossi l'effectif des simples avant-gardes qui lui étaient opposées. Le Comité de Salut public n'en crut pas moins que l'armée du Bas-Rhin s'était renforcée aux dépens de l'armée de Wurmser, et l'occasion lui parut plus propice que jamais de mettre à exécution son projet d'invasion du Brisgau (1). Il s'empressa de communiquer à Pichegru les renseignements reçus de Jourdan, et ajouta : « L'ennemi ne pouvant faire tous ces mouvements sans dégarnir la partie qui vous est opposée, vous en profiterez sans doute pour tenter le passage sur un des points que vous avez choisis. Le Comité ne peut, à cet égard, que s'en rapporter pleinement à vous, soit pour agir véritablement, soit pour faire quelques démonstrations qui paraissent [puissent] inquiéter l'ennemi et le mettre en suspens sur nos véritables points d'attaque (2) ».

C'est précisément pendant que cette lettre parcourait le trajet de Paris à Illkirch (3), que Pichegru recevait de Bacher les renseignements relatifs au renforcement des troupes autrichiennes du Haut-Rhin. Ces avis étaient trop précis pour laisser supposer un seul instant que l'armée de Wurmser eût fait passer des renforts à celle de Clerfayt. De leur lecture, il ressortait en toute évidence non seulement que l'armée de Wurmser ne s'était pas affaiblie au point d'être condamnée à la défensive, mais encore que son attitude indiquait nettement de sa part une prochaine tentative de passage. Déjà, dès le 12 fructidor, avant même d'avoir eu connaissance de la

---

(1) Le Comité de Salut public à Pichegru, Paris, 19 thermidor (6 août).
(2) Le même au même, Paris, 10 fructidor (27 août).
(3) Pichegru avait son quartier général à Illkirch.

lettre du Comité datée du 10, Reubell, qui venait de conférer avec Pichegru, cherchait à éclairer le Gouvernement sur la situation. Il lui montrait que les Autrichiens avaient dégarni leur centre vers Mayence pour renforcer leur droite du côté de l'armée de Sambre-et-Meuse et leur gauche du côté du Haut-Rhin. Aussi regrettait-il vivement que le Comité de Salut public eût jugé nécessaire de prélever des renforts sur l'armée de Rhin-et-Moselle pour les envoyer en Italie (1); il réclamait même le retour de ces troupes, car, « quelques besoins en troupes que puisse avoir l'armée d'Italie, celle de Rhin-et-Moselle en a de plus grands et de plus pressants..... (2) ».

Après réception de la lettre du Comité du 10 fructidor, Pichegru écrit à son tour que les dispositions nouvelles de l'ennemi rendent impossible toute tentative de notre part vers Huningue. Sur le Haut-Rhin, notre attitude ne peut être que défensive, car nos forces sont nettement inférieures aux 64,000 hommes que l'ennemi a réunis entre Rheinfelden et Rastatt. « Vous voyez donc, citoyens Représentants, ajoute le commandant de l'armée de Rhin-et-Moselle, que les renforts que l'ennemi s'est donnés sur sa droite, devant le général Jourdan, ne viennent point du Haut-Rhin. Il n'en est pas moins vrai que le général Jourdan éprouve de très grandes difficultés pour son passage. J'ai le projet de les diminuer par une diversion sur le centre, où l'ennemi s'est singulièrement affaibli. J'ai, en conséquence, donné des ordres pour faire, à Oppenheim, les préparatifs d'un passage qui aura lieu incessamment, si nous pouvons

---

(1) Arrêté du Comité de Salut public du 30 messidor (18 juillet) [Arrêté transmis pour exécution par le Bureau du mouvement à la date du 2 thermidor (20 juillet)].

(2) Reubell au Comité de Salut public, Huningue, 12 fructidor.

nous procurer les chevaux nécessaires pour le transport de l'équipage de pont, et, quand on ne parviendrait qu'à jeter 12,000 à 15,000 hommes sur le Darmstadt, il y en aurait assez pour s'y maintenir jusqu'à ce que l'ennemi eût détaché des forces de sa droite ou de sa gauche, ce qui remplirait parfaitement le but de la diversion. Nous pourrions d'ailleurs profiter de ce moment pour sommer la place de Mannheim, que nous serions dès lors dans le cas de bombarder, d'après les articles de la capitulation de la tête de pont (1) ».

Après avoir reçu et les renseignements de Bacher (2) et la lettre de Pichegru, le Comité de Salut public voit enfin plus nettement la situation. Comprenant que la diversion proposée par le commandant de l'armée de Rhin-et-Moselle peut avoir d'heureuses conséquences, il s'empresse d'y donner son approbation (3). Il révoque en même temps les instructions qu'il avait antérieurement adressées à Pichegru en vue d'une invasion du Brisgau par Rheinfelden (4), opération qui eût entraîné la violation de la neutralité du territoire de Bâle et peut-être déterminé la Suisse à s'armer contre nous (5).

---

(1) Pichegru au Comité de Salut public, Illkirch, 14 fructidor (31 août). — En parlant de la sommation de Mannheim, Pichegru fait allusion à l'article de la capitulation du 25 décembre 1794, d'après lequel il avait été convenu que cette place ne pourrait être bombardée que si des troupes françaises avaient franchi le Rhin (Gouvion Saint-Cyr, *loc. cit.*, t. II, pièces justificatives, p. 408).

(2) Voir *supra*, p. 8 et 9.

(3) Le Comité de Salut public à Pichegru, Paris, 18 fructidor (4 septembre).

(4) Le même au même, Paris, 19 thermidor (6 août).

(5) Pour prévenir les conséquences de cette violation de territoire et empêcher les Suisses d'y répondre par un appel aux armes, Barthélemy devait assurer les cantons helvétiques des bonnes intentions du Comité de Salut public et leur offrir la possession du Frickthal (territoires de Laufenburg et Rheinfelden), dès que nos armées en auraient fait la

§ 3. — Obstacles à la diversion.

Ainsi, à partir du 21 fructidor (7 septembre), date à laquelle il a dû avoir connaissance de l'approbation donnée par le Comité à son projet d'opération, Pichegru se trouve entièrement libre d'exécuter par Oppenheim et Mannheim, sur le centre affaibli du dispositif autrichien, une diversion susceptible de faciliter la tâche de l'armée de Sambre-et-Meuse.

Pourquoi cette opération, annoncée cependant dès le 31 août, n'a-t-elle reçu un commencement d'exécution que les 19-20 septembre, dates de la sommation et de la capitulation de Mannheim ?

C'est la lettre même de Pichegru qui fournit à cet égard une première explication. N'y est-il point dit en effet que le passage à Oppenheim « aura lieu incessamment » si l'on peut se procurer « les chevaux nécessaires pour le transport de l'équipage de pont (1) » ?

En cette région du Palatinat, ruinée par une « évacuation » méthodique (2) et par le séjour prolongé des troupes, la question des transports avait pris, dès le début de l'année 1795, une extrême importance. Les ressources locales étant devenues rapidement nulles, les hommes et les chevaux n'avaient bientôt pu subsister que grâce à l'extension des zones de réquisition ; mais le mauvais état

---

conquête. Les instructions destinées à Barthélemy avaient été jointes à la lettre adressée le 19 thermidor à Pichegru ; celui-ci devait, au moment opportun, les faire tenir à notre ambassadeur à Bâle.

(1) Un équipage de pont destiné à permettre le franchissement du Rhin comportait environ 60 bateaux d'équipage. Ces bateaux étaient fort lourds ; aussi, en tenant compte du matériel accessoire (nacelles pour les pontonniers, bateaux pour ponts volants, madriers, etc.), n'est-il pas exagéré d'évaluer à 500 ou 600 le nombre des chevaux nécessaires (V. Dedon, *loc. cit.*, p. 20 à 22).

(2) Capitaine H. Bourdeau, *loc. cit.*, p. 72 à 78.

des chemins, les efforts continus demandés aux attelages, leur alimentation insuffisante n'avaient pas tardé à ruiner les équipages de transport. Les équipages d'artillerie, auxquels on avait dû, notamment devant Mayence, avoir recours pour assurer le service des ravitaillements, avaient eu le même sort (1). Le peu de zèle apporté par l'entrepreneur Baruch Cerf-Berr, dans l'exécution de ses marchés relatifs à la fourniture des chevaux de transport avait enfin aggravé, pendant l'été, cette situation déjà singulièrement fâcheuse. C'est ainsi que, en messidor, Pichegru écrit à Moreau : « Nous avons bien ici des équipages de pont, mais pas un cheval pour les transporter (2) ». Le 1er thermidor, le citoyen Rolland, inspecteur général des équipages, se plaint vivement à

---

(1) *Revue d'Histoire*, n° 93, septembre 1908, p. 386, note 3.

(2) Pichegru à Moreau, Strasbourg, 23 messidor (11 juillet). Pichegru écrit à Moreau pour le remercier d'une lettre de change de 50 louis qu'il lui a fait passer en remboursement d'une dette de même somme en assignats. Certains passages de cette lettre sont fort typiques. Pichegru s'y plaint du discrédit dans lequel le papier-monnaie est tombé en France et de l'état de misère qui en est résulté pour le soldat. Cette misère augmente le désir qu'a ce dernier de passer sur l'autre rive du Rhin, qui, « si elle est bien défendue, sera vigoureusement attaquée, car le soldat ajoutera à son énergie et à son courage ordinaire la fureur du besoin. Il est pourtant bien malheureux d'avoir à chercher sur des terres ennemies des moyens d'existence et des secours que l'on aurait des droits d'exiger dans sa Patrie et que l'on ne peut plus s'y procurer avec le seul moyen d'échange que le militaire ait à sa disposition. Si le discrédit de ce moyen est le même sur les terres étrangères, au moins le respect pour la propriété y est-il plus facilement ou moins scrupuleusement entamé, et le soldat vit. Il conserve même dans les pays conquis une considération qu'il n'obtient pas en ce moment de ses concitoyens, du moins de beaucoup, car il y a des animaux qui s'imaginent qu'on est trop heureux de se faire casser la g..... pour une ration de pain et de viande et une image des SS. Quoi qu'il en soit, nous n'attendons pour ça que les premières opérations du général Jourdan et quelque incomplets que soient nos moyens, je ne différerai pas davantage à moins d'impossibilité. Nous avons bien ici

l'entreprise de la non-exécution de ses engagements ; elle laisse les charrois de l'armée dans un état tel qu'il est impossible d'en attendre aucun service (1). Le Comité de Salut public, auquel le Représentant Rivaud a rendu compte du dénuement de l'armée sous ce rapport (2), est obligé d'intervenir et invite, le 20 thermidor, la Commission des transports à prendre les mesures les plus promptes pour forcer les fournisseurs à remplir sur-le-champ les conditions de leur marché (3). Il insiste de nouveau quinze jours après (4), à la réception d'une lettre dans laquelle Pichegru annonce qu'une grande partie de l'artillerie n'est pas attelée et répète qu'il n'a pas un cheval pour le transport des équipages de pont. Rivaud et Merlin renouvellent huit jours après la même plainte (5).

Les chevaux disponibles sont par surcroît dans un état de dépérissement tel que, le 12 fructidor, ces mêmes Représentants requièrent l'agent en chef des fourrages à Strasbourg de porter la ration à 15 livres de foin, 5 de paille et un demi-boisseau d'avoine (6). L'agent en chef

---

des équipages de pont, mais pas un cheval pour les transporter. Notre artillerie n'en est pas à beaucoup près pourvue, etc. J'invoque le génie de la Liberté de pourvoir ou suppléer encore une fois à ce qui nous manque. Puisse-t-il m'être encore favorable !..... »

(1) Rolland, inspecteur général des équipages des vivres, au citoyen Baruch Cerf-Beer, entrepreneur de la fourniture des chevaux des équipages militaires, 1er thermidor (19 juillet).

(2) Le Représentant Rivaud au Comité de Salut public, Ober-Ingelheim, 12 thermidor (30 juillet).

(3) Le Comité de Salut public à la Commission des transports militaires, Paris, 20 thermidor (7 août).

(4) Le même au citoyen La Saussaye, commissaire des transports militaires, Paris, 28 thermidor (15 août).

(5) Rivaud et Merlin de Thionville au Comité de Salut public, Huningue, 5 fructidor (22 août).

(6) Les mêmes au citoyen Reubel (?), agent en chef des fourrages à Strasbourg, 12 fructidor.

riposte d'ailleurs à cette prétention en déclarant que, n'étant pas approvisionné et ne pouvant l'être faute de fonds, il ne peut augmenter les rations sans exposer l'armée à manquer tout à coup ; qu'il est en avance de plus de 15 millions vis-à-vis du Gouvernement et que ses fournisseurs se refusent à livrer s'il ne les paye. Il exécutera cependant les ordres des Représentants s'ils persistent dans leur manière de voir, mais ce sera alors sous leur responsabilité (1). Rivaud et Merlin, en désespoir de cause, jugent bon d'en référer au Comité en insistant encore sur l'état déplorable dans lequel se trouvent les chevaux de l'armée et sur la nécessité d'y remédier promptement si l'on veut sauver ceux qui vivent encore (2). Merlin revient une dernière fois à la charge le 21 fructidor (7 septembre) (3) et déclare que les chevaux dépérissent à vue d'œil. En attendant que le Gouvernement ait pu prendre des mesures efficaces, il donne ordre au département de lui fournir 2,600 chevaux. Il espère les avoir dans peu de jours et alors « le pont se mettra en route (4) ».

En écrivant au Comité de Salut public que le passage à Oppenheim aurait lieu incessamment, s'il pouvait se procurer les chevaux nécessaires au transport de l'équipage de pont, Pichegru avait fait, on n'en peut plus douter, une réserve parfaitement justifiée (5). Il n'est donc point surprenant qu'il n'ait pu effectuer sa tentative de passage aussitôt qu'il l'eût désiré. Il est d'autre part certain que l'on fit à Oppenheim tous les préparatifs en

---

(1) Le Directeur des fourrages à Strasbourg à Merlin et Rivaud, Strasbourg, 13 fructidor (30 août).
(2) Rivaud et Merlin de Thionville au Comité de Salut public, Strasbourg, 13 et 14 fructidor.
(3) Merlin de Thionville au même, Strasbourg, 21 fructidor.
(4) Le même au même, Strasbourg, 25 fructidor.
(5) Voir *supra*, p. 11 et 12.

(SEPTEMBRE 1795).

rapport avec les moyens dont on disposait (1). C'est ainsi notamment que, pour assurer la protection du passage, on éleva sur les hauteurs de Nierstein un système de redoutes « dont le feu plongeant et dominant sur la rive droite devait produire un effet tellement à notre avantage que l'entreprise pouvait avoir lieu même en plein jour (2) ». Nos préparatifs furent en tout cas assez importants pour attirer l'attention de l'ennemi, car Wurmser écrivant à l'Empereur, le 16 septembre, parle des « démonstrations sérieuses faites à Oppenheim (3) ».

Peut-on dès lors prétendre que Pichegru n'ait rien fait pour faciliter la tâche de l'armée de Sambre-et-Meuse (4)? N'est-ce pas lui qui, spontanément, a proposé la diversion sur Oppenheim ? S'il n'a pu la mettre à exécution en temps utile, c'est-à-dire avant le 6 septembre, jour du passage d'Uerdingen, l'explication la plus rationnelle ne réside-t-elle pas dans les insurmontables difficultés d'ordre matériel qui entravèrent les bonnes volontés ?

Mais il existe encore, au retard apporté dans l'exécution de cette opération, d'autres motifs tout aussi plausibles.

Pour que les troupes appelées à agir entre le Main et

---

(1) « ..... Nous allons en tenter un [coup de main] sur le centre, à Oppenheim. Nous marcherons dans le Darmstadt, vers le Main, à Francfort même si nous sommes assez forts..... Je désire que cette expédition dont j'ai préparé tous les moyens s'effectue avec mon retour » (Merlin au Comité de Salut public, Strasbourg, 25 fructidor).

(2) Travail du citoyen Legrand, chef de bataillon du génie, 4ᵉ campagne, armée de Rhin et Moselle, p. 35. — Le chef de bataillon Legrand avait été désigné comme historiographe militaire par arrêté du Comité de Salut public du 13 ventôse an III (voir *Revue d'Histoire*, n° 101, mai 1909, p. 338).

(3) Wurmser à l'Empereur, Fribourg, 16 septembre (Vivenot, *loc. cit.*, p. 214).

(4) C'est cependant ce qu'affirme M. Caudrillier, *loc. cit.*, p. 63.

le Neckar pussent, en s'y maintenant, produire une diversion utile, Pichegru avait estimé que leur effectif ne devait pas être inférieur à 12,000 ou 15,000 hommes, c'est-à-dire à environ trois divisions. Toute son armée étant déployée en dispositif linéaire le long du Rhin, depuis Bâle jusqu'à Bingen, sans aucune réserve, il lui fallait, pour pouvoir constituer un corps d'opérations, ou bien supprimer une partie du long cordon des troupes, ou bien en diminuer la densité en certains points.

La région dans laquelle cette densité était le plus élevée était précisément la plus voisine d'Oppenheim, celle de Bingen à Frankenthal, où six divisions, dont quatre environ, employées au blocus de Mayence, se trouvaient accolées sur un espace restreint (1). Mais, dans les premiers jours de septembre, il eût été fort périlleux de prélever trois divisions sur les troupes les plus rapprochées de Mayence. L'armée de Sambre-et-Meuse n'avait pas encore passé le Rhin. Clerfayt, ayant la libre disposition de ses forces, eût pu aisément profiter de l'affaiblissement du corps de blocus pour enlever les lignes d'investissement, opération qu'il devait d'ailleurs réussir quelques semaines plus tard.

Après le 10 septembre, date à laquelle il apprit le pas-

---

(1) Le 11 fructidor, les divisions de l'armée sont échelonnées de la manière suivante : *1re division :* des environs de Porrentruy à Fort-Mortier ; *2e division :* de Fort-Mortier à Strasbourg ; *3e division :* de Strasbourg à Drusenheim ; *4e division :* de Drusenheim à Lauterbourg ; *5e division :* de Lauterbourg à Germersheim ; *6e division :* de Germersheim au canal de Frankenthal ; *12e division :* de ce canal à Oppenheim ; *7e division :* partie le long du Rhin d'Oppenheim à Laubenheim, partie devant Mayence ; *8e, 9e et 10e divisions :* devant Mayence ; *11e division :* partie devant Mayence, partie le long du Rhin jusqu'à Bingen.

La *réserve de cavalerie* est répartie en deux groupes, l'un entre Alzey et le Rhin, l'autre entre Porrentruy et Mulhouse (Rapport décadaire du 10 au 20 fructidor).

sage à Uerdingen de la gauche de l'armée de Sambre-et-Meuse, Pichegru était encore tenu à une grande prudence, car, même à ce moment, il était nécessaire d'attendre que cette armée se fût suffisamment approchée de Mayence, sur la rive droite du Rhin, pour pouvoir rendre vaine toute tentative exécutée par Clerfayt. Or c'est seulement après le 17 septembre que Jourdan, rejoint par les divisions Bernadotte, Poncet et Marceau, passées à Neuwied, se trouva en possession de tous ses moyens d'action et marcha sur la Lahn, qu'il vint border le 20.

Jusque vers le 17 septembre, Pichegru, pour constituer le corps d'opérations destiné à agir dans le Darmstadt, n'aurait donc pu faire sur sa gauche que de faibles prélèvements et force lui eût été de faire appel à une partie de sa droite. Mais, de ce côté-là encore, la situation de l'ennemi eût rendu périlleux, pendant la même période, tout affaiblissement du dispositif.

En effet, dans les premiers jours de septembre, Bacher envoie des avis qui non seulement confirment le renforcement de la gauche de Wurmser, mais encore signalent l'imminence d'une tentative de passage dans la région de Brisach. Le bulletin du 16 fructidor (2 septembre) signale l'attention minutieuse avec laquelle Wurmser inspecte les travaux effectués sur le bord du Rhin, en face d'Huningue et en aval (1). Son auteur ajoute, il est vrai, qu'il n'y a jusqu'ici « aucun préparatif majeur qui puisse indiquer un danger imminent entre Huningue et Neuenburg (2) ». Mais le bulletin du 20 fructidor insiste

---

(1) Il s'agit évidemment de la reconnaissance personnelle à laquelle on verra plus loin Wurmser faire allusion dans ses lettres à Thugut [Fribourg, 31 août (Vivenot, *loc. cit.*, p. 193)] et à l'Empereur [Fribourg, 13 septembre (*K. K. Archiv*, X, 31)].

(2) Bulletin de renseignements du 15 au 16 fructidor (sans indication de lieu de départ).

par contre sur l'importance des forces réunies dans la zone Kuppenheim, Fribourg et Weil. « La quantité de munitions de guerre qui arrivent à Fribourg, y est-il dit aussi, est inconcevable ; toutes les routes sont couvertes de voitures chargées de poudre, boulets, bombes, obus, etc..... A en juger par le bruit public et par les préparatifs qui se font, par l'arrivée des munitions de guerre de toute espèce, de pontons, etc., on ne peut se dissimuler que le général Wurmser veut hasarder le passage du Rhin ». L'auteur du renseignement pense toutefois que, en raison des difficultés d'une semblable opération, « tous ces préparatifs n'ont pour objet que d'être en mesure de profiter des troubles intérieurs et de pouvoir passer le Rhin dans un moment de désordres et que, en attendant, ils ne sont qu'ostensibles pour donner du poids aux négociations et en faciliter le succès (1) ».

Bacher écrivant en personne le 22 fructidor au Comité de Salut public insiste à nouveau sur l'importance des transports de munitions de guerre. « Jamais il n'a existé autant de mouvements ni de préparatifs plus formidables. On dirait que les Autrichiens veulent combler le Rhin à force d'y jeter des bombes et des boulets pour passer ensuite ce fleuve sur ce pont de nouvelle invention (2) ». Les préparatifs de passage continuent, surtout à Rheinweiler. Cependant un agent de Bacher donne le lendemain une note moins pessimiste. Si les munitions sont abondantes chez les Autrichiens, il n'en est pas de même en effet, dit-il, des autres approvisionnements. Il n'y

---

(1) Bulletin de renseignements (sans indication de lieu de départ) du 20 fructidor (Ce bulletin donne l'état de l'armée autrichienne et impériale aux ordres du général comte de Wurmser depuis Rastatt jusqu'à Rheinfelden au 20 fructidor an III).

(2) Bacher au Comité de Salut public, Bâle, 22 fructidor.

a plus d'avoine. Certains régiments de cavalerie n'en ont pas reçu depuis une semaine. Les chevaux des charrois sont dans le plus mauvais état. Les magasins les plus voisins de l'armée autrichienne sont dépourvus d'approvisionnements de toute nature. Le pays occupé par elle est épuisé. Il y a tout lieu de supposer que la situation misérable de l'armée autrichienne l'empêchera de rien entreprendre; un adjudant du général Wurmser aurait même assuré qu'on y avait renoncé (1).

Cela n'empêche point Bacher de manifester deux jours après de nouvelles craintes. Il voit dans le passage continuel à Bâle des émissaires du corps de Condé, qui arrivent de la Vendée et de Paris, l'indice que les rassemblements autrichiens dans le Brisgau sont combinés avec le projet de débarquement des émigrés et des Anglais à Noirmoutier et aux Sables-d'Olonne (2). Le 25 fructidor, ses appréhensions se manifestent d'une manière plus positive encore. Il termine, en effet, la lettre qu'il adresse ce jour-là à Desaix par le *post-scriptum* suivant : « Je reçois dans ce moment l'avis que les Autrichiens se proposent de tenter cette nuit, 25 fructidor, ou une des suivantes, un passage du Rhin entre Ottmarsheim et Brisach..... (3) ».

Sans doute, les renseignements envoyés par Bacher n'étaient point toujours concordants; mais leur lecture n'en donnait pas moins l'impression très nette que Wurmser était prêt à profiter de toute circonstance favorable pour effectuer une tentative de passage dans la région du Brisgau. Du reste, dès le 13 fructidor, Pichegru avait cru nécessaire d'augmenter de ce côté la densité

---

(1) Bulletin de Fribourg, 23 fructidor (9 septembre).
(2) Bacher au Comité de Salut public, Bâle, 24 fructidor.
(3) Bacher à Desaix, Bâle, 25 fructidor (la même lettre était adressée simultanément au Comité de Salut public et à Pichegru).

de son dispositif en faisant resserrer la 2ᵉ division sur sa droite et appuyer les 3ᵉ, 4ᵉ et 5ᵉ du côté de la 2ᵉ (1). Ce mouvement avait été accentué quelques jours après : la 1ʳᵉ division, dont la droite était vers Porrentruy, s'était concentrée sur sa gauche pour être plus près d'Huningue. Les 2ᵉ, 3ᵉ, 4ᵉ et 5ᵉ divisions avaient encore appuyé à droite de telle sorte que la 5ᵉ division, dont la gauche se trouvait le 11 fructidor (28 août) à Germersheim, ne s'étendait plus dans cette direction que jusqu'à Lauterbourg (2).

En l'absence de toute justification basée sur la pénurie des moyens de transport, la nécessité évidente dans laquelle se trouva Pichegru de renforcer son aile droite sous la menace imminente d'un passage du Rhin suffit donc à expliquer l'ajournement de la diversion sur le centre des Autrichiens (3).

De ce que la tentative annoncée par Bacher ne se soit pas produite, il ne faut point conclure en effet que les craintes de Pichegru aient été chimériques et prétendre qu'il n'avait pas à redouter un passage du fleuve. Pareille critique est aisée aujourd'hui pour quiconque, disposant de tous les documents relatifs à la campagne, est à même de lire commodément dans le jeu des deux adversaires (4). Malheureusement de tels moyens d'informa-

---

(1) Bulletin de l'armée de Rhin-et-Moselle du 10 au 15 fructidor.
(2) Bulletin de l'armée de Rhin-et-Moselle du 15 au 20 fructidor.
(3) Il est curieux de remarquer que, en 1870, des appréhensions de même nature contribuèrent à priver le maréchal de Mac-Mahon, pendant la bataille de Frœschwiller, du concours de la plus grande partie du 7ᵉ corps, maintenue en Haute-Alsace pour faire face à de prétendus rassemblements signalés dans la Forêt-Noire et vers Lœrrach (Commandant E. Picard, *La Perte de l'Alsace*, p. 138, 139 et 154 à 156).
(4) On n'est pas peu surpris de lire dans Caudrillier, *loc. cit.*, p. 67 : « Il [Pichegru] n'avait pas à craindre une invasion de la Haute-Alsace par Wurmser; celui-ci, le 16, écrivait à Thugut : « Un passage du Rhin serait trop hasardé dans l'état actuel des choses », et à l'Em-

tion n'étaient pas à la portée de Pichegru ; les seuls renseignements sur lesquels il pût compter, et sur lesquels il pût baser ses déterminations, étaient ceux que lui faisait parvenir Bacher et encore ce dernier se trouvat-il parfois, en raison de la pénurie de fonds, en fort mauvaise situation pour organiser son service d'informations (1).

D'ailleurs les renseignements envoyés par Bacher étaient loin d'être inexacts (2). Il est hors de doute que Wurmser, dès son arrivée à Fribourg, eut l'intention formelle de tenter le passage du Rhin. Sa correspondance avec Thugut et avec l'Empereur est, à cet égard,

---

pereur : « Je me trouve réduit à ne plus m'occuper que de la défensive ! ».

(1) Capitaine H. Bourdeau, *loc. cit.*, p. 199.

(2) On s'en rendra compte en comparant l'état de l'armée autrichienne envoyé par Bacher (voir *supra*, p. 20, note 1), état que possèdent les Archives historiques du ministère de la Guerre, avec le tableau ci-après qui résume le tableau d'embrigadement de l'armée du Bas-Rhin [*Dislocation u. Brigade-Eintheilung der K. K. Armee am Ober-Rhein* (*K. K. Archiv*, X, 32)].

Noms des corps.	Compagnies en cordon.	Bataillons.	Escadrons.
La Tour	10	7	18
Quosdanovich	12	7	18
Jordis	12	5	24
Meszaros	»	3	14
Sztaray	»	11	14
Davidovich	16	9 1/3	24
Melas	6	7	15
Condé	7	2	8
Souabes	»	9	8

Nota. — Pour les emplacements, voir le croquis annexé (Situation vers le 14 septembre). Le corps de Colloredo-Mels et celui des Palatins, bien qu'appartenant à l'armée du Bas-Rhin, ont été figurés sur le croquis comme s'ils appartenaient à l'armée du Haut-Rhin. On verra plus loin qu'ils furent mis le 11 septembre à la disposition de Quosdanovich.

très caractéristique (1). S'il ne mit pas son projet à exécution, c'est d'abord parce qu'une reconnaissance personnelle exécutée le long du Rhin le convainquit des obstacles considérables que rencontrerait une semblable entreprise, puis parce que la situation très compromise de l'armée du Bas-Rhin l'obligea à envoyer des renforts de plus en plus importants vers le Neckar. Dès le 13 septembre, en effet, il rendait compte à l'Empereur de l'impossibilité matérielle d'effectuer un passage du Rhin, que lui avait démontré non seulement la reconnaissance effectuée par le lieutenant-colonel von Duka, mais aussi celle qu'il avait exécutée personnellement. Il lui signalait en même temps l'obligation dans laquelle il s'était trouvé, pour répondre aux exigences de la situation et au désir exprimé par Clerfayt, d'envoyer un fort détachement sous Quosdanovich dans le pays entre Murg et Neckar, évacué presque entièrement par l'armée du Bas-Rhin. Il lui demandait en même temps de nouvelles instructions (2).

---

(1) Voir notamment les deux lettres de Wurmser à Thugut, Fribourg, 26 et 31 août (Vivenot, *loc. cit.*, p. 194). Dans cette dernière lettre, Wurmser parle ainsi d'une reconnaissance du cours du Rhin, de Sasbach à Bâle, qu'il a fait exécuter par le lieutenant-colonel von Duka : « Il vient de me donner par écrit un rapport très détaillé de cette tournée, mais qui menace de trouver tant d'épines sur tous les lieux où l'on voudrait jeter des ponts, et dans toutes les manières de le faire que, si j'étais difficultueux, on m'aurait déjà converti sur l'impossibilité de passer. Comme je ne puis me décider d'après ces rapports, et qu'en matière d'obstacles je me suis habitué à n'en croire jamais que mes yeux, pendant que l'artillerie nécessaire pour opérer marche et se prépare et qu'on répare les bateaux délabrés, et que l'on fournira et disposera les magasins de vivres, je vais moi-même côtoyer le fleuve où mon grand désir d'agir me fera vraisemblablement trouver moins d'invincibilité dans les difficultés..... »

(2) « F. M. Clerfayt, ohne mich in meinen Unternehmungen hindern zu wollen, stellte mir die Notwendigkeit vor, in welcher er sich befände. Die Gegend zwischen der Murg und dem Necker zu entblös-

Le même jour, il écrivait à Thugut et lui faisait connaître qu'il était disposé à marcher avec 35,000 hommes vers la droite de Clerfayt pour tourner la gauche de l'adversaire et il le priait d'approuver ce projet (1).

C'est donc seulement vers le 13 septembre que Wurmser paraît avoir renoncé à tenter le passage du Rhin (2). Jusque-là ses intentions et ses préparatifs justifiaient parfaitement les précautions prises par Pichegru. D'ailleurs, dès que ce dernier acquerra la certitude que l'armée du Haut-Rhin, affaiblie par l'envoi de renforts vers le Neckar, est dans l'impossibilité d'agir offensivement et d'exécuter le franchissement du fleuve, on le verra donner immédiatement des ordres en vue d'un effort à produire du côté de Mannheim et d'Oppenheim.

§ 4. — La capitulation de Mannheim.

C'est du 28 fructidor (14 septembre) qu'est daté le premier renseignement signalant à Bacher l'envoi vers le Nord de troupes tirées de l'armée du Haut-Rhin. Il annonce que, sur l'avis reçu à Fribourg du passage des Français à Düsseldorf, 6 bataillons sont partis la veille

---

sen, und sich mit seinen Truppen dem Main zu nähern, um auf alle Fälle bereit zu sein, denen Fortschritten des Feindes Einhalt zu tun. Mannheim und Philippsburg blieb [en] durch diese Bewegung nur schwach gedeckt..... Ich hielt es also E. M. Allerhöchsten Dienst angemessen, da ich ohnehin in diesem Augenblick zu keiner offensiven Unternehmung übergehen konnte, auch noch mehrere hiezu erforderliche Hilfsmittel noch nicht herbeigekommen waren, wenigstens diesem Unfall zuvorzukommen, und dem Herrn F. M. Gf. Clerfayt die Mittel zu erleichtern, sich dem Feind mit Nachdruck entgegensetzen zu können » [Wurmser à l'Empereur, Fribourg, 13 septembre (*K. K. Archiv*, X, 31)].

(1) Wurmser à Thugut, Fribourg, 13 septembre (Vivenot, *loc. cit.*, p. 211).

(2) *Ibid.*

de grand matin de Kenzingen et que 2 bataillons doivent les suivre le 28 avec 2,000 hommes de cavalerie (1).

Bacher avise immédiatement le Comité de Salut public et Pichegru de cette importante nouvelle que vient lui confirmer, le lendemain, un second renseignement évaluant à 15,000 hommes d'infanterie et 2 régiments de cavalerie l'effectif des troupes envoyées vers Mannheim (2). A la suite d'autres nouvelles qui lui parviennent encore, Bacher écrit le 30 fructidor au Comité : « Il paraît par les avis que je reçois de tous les côtés que les Autrichiens vont se porter en forces sur le Bas-Rhin. J'ai prévenu en conséquence le général Pichegru qu'il n'y avait pas un instant à perdre pour faire une diversion par un passage du Rhin réel ou du moins simulé près de Mannheim et à Oppenheim (3) ».

De tous ces renseignements, aucun ne semble être parvenu à Pichegru avant le 30 fructidor. Il n'y fait en effet aucune allusion dans sa lettre de ce jour au Comité de Salut public (4) ; Reubell, qui, à la même date, reçoit à Strasbourg la visite du commandant de l'armée de Rhin-et-Moselle, n'en parle pas davantage dans la lettre qu'il écrit aussitôt au Gouvernement. Il ressort même des termes de cette lettre qu'aucune nouvelle ne lui est encore arrivée concernant l'affaiblissement de l'armée du Haut-Rhin (5). S'il en eût été autrement, l'événement était assez important pour qu'il ne pût le passer sous silence.

---

(1) Bulletin de Fribourg, 28 fructidor (14 septembre).
(2) Bulletin de Karlsruhe, 29 fructidor (15 septembre).
(3) Bacher au Comité de Salut public, Bâle, 30 fructidor.
(4) Pichegru au même, Illkirch, 30 fructidor.
(5) « Pichegru vous aura fait connaître qu'en ce moment des démonstrations offensives dans le Haut-Rhin sont presque impossibles..... Dès que nous apprendrons qu'il [l'ennemi] s'est dégarni de ce côté-là, nous ferons plus qu'une démonstration..... » (Reubell au Comité de Salut public, Strasbourg, 30 fructidor).

Quoi qu'il en soit, il est certain que, dès l'arrivée du premier renseignement susceptible de le fixer sur la situation, Pichegru prit sans tarder de nouvelles dispositions (1). Cette certitude découle en toute évidence du bulletin adressé par le chef d'état-major de l'armée de Rhin-et-Moselle au Comité de Salut public pour rendre compte des modifications apportées à la répartition des troupes (2). Ce bulletin, forcément postérieur à la rédaction et à l'envoi des ordres, est du 2ᵉ jour complémentaire. La décision aurait donc été prise au plus tard à cette date et peut-être même le 1ᵉʳ jour complémentaire (3), c'est-à-dire dans les vingt-quatre heures de l'arrivée du premier renseignement expédié par Bacher.

Laissant à Desaix le soin de tenir avec trois divisions le terrain précédemment occupé par les 1ʳᵉ, 2ᵉ, 3ᵉ et 4ᵉ, Pichegru faisait appuyer les divisions du centre de manière à gagner vers la gauche le front d'une division. C'est ainsi que Strasbourg, point d'appui de la gauche de la 4ᵉ division, devenait le point d'appui de sa droite. Cette division devait en outre n'avoir que des postes de Strasbourg à Drusenheim afin de pouvoir « former un corps » entre Drusenheim et Röschwoog. Les autres divisions avaient ordre de se porter : la 5ᵉ entre Röschwoog et Spire, avec un corps aussi fort que possible vers Selz ; la 6ᵉ division entre Spire et Worms ; la 12ᵉ entre Worms et Oppenheim, où elle avait à se relier avec la 7ᵉ. Les 7ᵉ, 8ᵉ, 9ᵉ, 10ᵉ et 11ᵉ restaient devant Mayence, toujours sous les ordres du général Schaal.

---

(1) D'après G. Caudrillier, *loc. cit.*, p. 63, c'est seulement le 3ᵉ jour complémentaire an III (19 septembre) qu'il aurait donné des ordres pour préparer une action vers Mannheim.

(2) Bulletin de l'armée de Rhin-et-Moselle, du 2ᵉ jour complémentaire (18 septembre).

(3) Il n'a pas été possible de retrouver le texte même de ces ordres; les indications qui vont suivre sont tirées du bulletin ci-dessus adressé par Liébert au Comité.

Après l'exécution de ces ordres, l'armée de Rhin-et-Moselle devait donc se trouver répartie en trois groupes, non compris le corps de blocus de Mayence : à droite, les 1re, 2e et 3e divisions, d'Huningue à Strasbourg ; au centre, les 4e et 5e avec groupement principal vers la Lauter ; à gauche, dans la région Mannheim—Oppenheim, les 6e et 12e divisions.

Au premier examen, on peut se trouver surpris d'une telle répartition : elle n'amenait en effet que deux divisions dans la région où Pichegru se proposait de tenter un effort. Il était facile, il est vrai, de les renforcer en trois ou quatre jours avec des éléments tirés soit du corps de blocus, soit de la 5e division ; mais, par suite de la nécessité de ne pas laisser le Rhin sans surveillance entre Mayence et Strasbourg, sur un front de plus de 200 kilomètres, Pichegru devait forcément éprouver quelque difficulté pour réunir sur la rive droite, après le passage à Mannheim, plus de deux ou trois divisions.

Il est donc important de faire remarquer que la responsabilité d'une répartition initiale aussi désavantageuse incombe non pas à Pichegru, mais bien, comme on va le voir, au Comité de Salut public.

Lorsque, quinze jours auparavant, le Comité, renseigné par Bacher et Pichegru (1), avait appris l'impossibilité de mettre à exécution son plan d'invasion du Brisgau, il s'était borné tout d'abord à révoquer ses instructions antérieures et à approuver, sans commentaires, la proposition faite par le commandant de l'armée de Rhin-et-Moselle d'opérer une diversion par Oppenheim (2). Regrettant sans doute, après huit jours de réflexions, de ne pas avoir accompagné sa brève appro-

---

(1) Voir *supra*, p. 19 à 25.
(2) Le Comité de Salut public à Pichegru, Paris, 18 fructidor (4 septembre).

bation de considérations stratégiques, il avait ensuite éprouvé le besoin de guider plus étroitement les décisions du commandement. Il l'avait malheureusement fait en des termes qui allaient singulièrement gêner ce dernier dans le choix des moyens d'exécution :

« Cette diversion utile [sur Oppenheim et Mannheim], avait-il écrit à Pichegru, indiquée par vous-même et pour laquelle vous avez déjà fait des dispositions, doit être marquée par des préparatifs hostiles dans le Haut-Rhin et dans les environs d'Huningue. Plus nos forces dans cette partie semblent nous réduire à la défensive devant celles des Autrichiens et de leurs alliés, plus il est important de leur donner le change sur les opérations que va entreprendre la gauche de l'armée que vous commandez et de leur faire croire que votre projet est toujours d'envahir le Brisgau.

« Cette démonstration ne peut que contribuer efficacement à nos succès vers le Main et le Neckar en retenant les forces des ennemis dans le Brisgau..... (1) ».

Ainsi, au moment même où Pichegru allait apprendre que l'ennemi se dégarnissait devant sa droite (2) et où il aurait pu se croire autorisé à grouper à sa gauche, en vue d'une opération dans le Darmstadt, l'effectif reconnu nécessaire au succès, ordre lui était donné de conserver une attitude menaçante du côté de sa droite, ce qui impliquait forcément le maintien de forces relativement importantes entre Strasbourg et Huningue.

Évidemment, le Comité, quand il avait rédigé ces instructions, n'était pas encore au courant de l'envoi d'un fort détachement de l'armée du Haut-Rhin vers le Neckar. La chose ne dut point échapper à Pichegru

---

(1) Le Comité de Salut public à Pichegru, Paris, 26 fructidor (12 septembre).

(2) Voir *supra*, p. 25 et 26.

quand il se préoccupa, deux jours plus tard, de donner ses ordres. Mais, outre qu'il n'avait pas assez de caractère pour tenter d'imposer sa manière de voir au Comité, ou tout au moins pour lui signaler les difficultés d'exécution (1), il se trouva que la teneur même de ses instructions lui enlevait jusqu'au prétexte d'une observation. Le cas où l'ennemi s'affaiblirait sur le Haut-Rhin, tout en paraissant au Comité fort peu certain, avait en effet été prévu par lui, car, après avoir recommandé des préparatifs hostiles du côté du Brisgau, il avait pris soin d'ajouter : « Si même, ce qui n'est pas probable, ils venaient à se dégarnir sur ce point, les préparatifs que vous auriez faits dans le Haut-Rhin pourraient vous mettre à même de profiter de ce dégarnissement pour tenter un passage dans les environs d'Huningue et prendre par ce moyen la gauche des ennemis à revers (2) ».

Le doute n'était donc pas permis. Que l'ennemi se maintînt ou non en forces dans le Brisgau, l'intention du Comité était que l'armée de Rhin-et-Moselle fût en mesure de prendre l'offensive soit par sa droite, soit par sa gauche. La distance d'environ 250 kilomètres, qui séparait Huningue de Mannheim, s'opposant à ce que l'on pût rapidement faire passer des forces d'une aile à

---

(1) La réponse de Pichegru au Comité de Salut public (Illkirch, 30 fructidor) ne contient en effet aucune allusion à des difficultés possibles. Par contre, Reubell, auquel le commandant de Rhin-et-Moselle vient sans doute de signaler le côté défectueux des instructions du Gouvernement, ne cherche guère à dissimuler la vérité : « Pichegru vous aura fait connaître qu'en ce moment des démonstrations offensives dans le Haut-Rhin sont presque impossibles. Le pont est à Colmar : il ne pourrait être transporté vers Huningue que par terre et nous manquons de chevaux, de voitures, de fonds et de vivres. Il en coûterait immensément pour une simple démonstration que l'ennemi aurait bien vite éventée et qui par conséquent deviendrait ridicule..... » [Reubell au Comité de Salut public, Strasbourg, 30 fructidor (16 septembre)].

(2) Le Comité de Salut public à Pichegru, Paris, 26 fructidor.

l'autre, chacune d'elles allait se trouver condamnée à agir isolément et avec des moyens insuffisants (1).

C'est, à n'en pas douter, pour parer à ce grave inconvénient et pour disposer d'une réserve pouvant, le cas échéant, se porter au secours de l'une ou de l'autre aile, que Pichegru, dans son ordre du 1er (ou 2e) jour complémentaire, appela la plus grande partie des 4e et 5e divisions entre Drusenheim et Selz. La précaution ne saurait être blâmée, car, à la date de cet ordre, tous les renseignements envoyés par Bacher sur l'envoi d'un détachement vers le Neckar, n'étant pas encore parvenus à Pichegru, n'avaient pu lui donner l'entière certitude que tout danger avait disparu du côté du Brisgau. En cas d'offensive de l'ennemi, cette ressource pouvait pallier heureusement les dangers du plan du Comité qui, strictement exécuté, eût conduit à former deux groupes isolés aux ailes extrêmes. Mais en tenant compte du temps nécessaire à la transmission des ordres à toutes les unités, il fallait encore de quatre à six jours pour que cette réserve, constituée par les 4e et 5e divisions, pût être amenée aux ailes; il était nécessaire, en conséquence, que son emploi fût prévu par le commandement dans les délais utiles et que, même dans les opérations dont il aurait à prendre l'initiative, il tînt compte du temps indispensable au groupement de ses forces.

Tout porte à croire que cette nécessité fut reconnue par Pichegru et qu'elle influença son plan d'action à Mannheim. C'est évidemment pour ce motif qu'il fixa seulement au 4e jour complémentaire le moment de l'arrivée de l'équipage de pont, laquelle devait précéder la sommation à faire à la ville (2). Rien ne s'opposait matériel-

---

(1) Reubell au Comité de Salut public, Strasbourg, 30 fructidor.
(2) « Un équipage de pont arrivera le 4e jour complémentaire devant

lement à ce que Mannheim fût sommée plus tôt. Une grande batterie avait, longtemps à l'avance, été établie dans l'ancienne tête de pont (1) ; si elle ne fut armée que dans la nuit du 2e au 3e jour complémentaire (2), ce fut sans doute parce que les moyens de transport manquèrent et, plus probablement encore, parce que Pichegru ne voulut pas révéler trop tôt ses intentions à l'ennemi. Il était en effet inutile et même dangereux de les lui faire connaître prématurément, c'est-à-dire avant qu'on ne fût à même de faire suivre la capitulation de la ville d'un passage immédiat des troupes. Critiquant sévèrement les agissements de Merlin, dont l'attitude fut, dans cette circonstance, par trop significative pour l'ennemi, le chef de bataillon Legrand, historiographe des armées du Rhin, dit avec beaucoup de justesse : « L'essentiel était pour le général Pichegru de se porter rapidement au pied des Montagnes noires, sur Heidelberg ..... Il fallait donc que la capitulation fût signée presque à l'instant que proposée et non six jours après (3), que le pont pût être jeté à l'instant même de la signature, et surtout que les mouvements de troupes fussent ordonnés pour passer le Rhin dès que le pont serait achevé (4) ». C'est certainement le désir qu'avait

---

Mannheim. Cette place sera sommée, conformément aux ordres du Comité de Salut public, et, à l'issue de la sommation, il sera fait usage, bon gré ou mal gré, de cet équipage » [Bulletin de l'armée de Rhin-et-Moselle, du 2e jour complémentaire (18 septembre)].

(1) Travail du citoyen Legrand, chef de bataillon du génie, *loc. cit.*, p. 40 ; Fragment du Mémorial de Decaen, cité par J. Reynaud (*Merlin de Thionville*, p. 256).

(2) Bulletin de l'armée de Rhin-et-Moselle, du 3e jour complémentaire (19 septembre).

(3) Legrand prétend en effet que Merlin adressa à Mannheim, dès le 28 fructidor, une sommation d'avoir à livrer ses portes à l'armée de Rhin-et-Moselle. Voir *infra*, p. 33.

(4) Travail de Legrand, *loc. cit.*, p. 39.

Pichegru d'attendre, pour sommer la ville, que ses troupes fussent à pied d'œuvre, qui provoqua, entre lui et Merlin, la vive discussion dont parle Decaen (1).

Le 25 fructidor, à la première nouvelle du passage effectué par l'armée de Sambre-et-Meuse vers Düsseldorf, Merlin avait écrit au Comité qu'il partait le lendemain pour aller sommer Mannheim (2). A vrai dire, il semble qu'il ait attendu, pour s'éloigner de Strasbourg, que Pichegru quittât lui-même son quartier général d'Illkirch (3). Son impatience d'annoncer au Comité la capitulation de Mannheim n'en était pas moins vive. Elle lui dicta notamment une adjuration pompeuse qu'il adressa le 2e jour complémentaire au gouvernement de la place pour l'inviter à céder à la première sommation qui lui serait adressée par Pichegru (4). Il est également hors de doute que cet avertissement, déjà regrettable au point de vue du secret des opérations, avait été précédé de démarches plus imprudentes encore. Decaen parle des intelligences nouées par Merlin avec le gouverneur (5), et Legrand prétend qu'une sommation aurait été faite par Merlin dès le 28 fructidor (5). Une lettre adres-

---

(1) Fragment du Mémorial de Decaen, cité par J. Reynaud, *loc. cit.*, p. 256.

(2) Merlin au Comité de Salut public, Strasbourg, 25 fructidor (11 septembre).

(3) Jusqu'au 15 septembre, sa correspondance est datée de Strasbourg (J. Reynaud, *loc. cit.*, p. 248 à 252). — Il est fort possible que Merlin ait été retenu par les renseignements de Bacher annonçant une invasion imminente de l'Alsace, et particulièrement par la lettre adressée à Pichegru, lettre qui signalait une tentative probable pour la nuit du 25 fructidor ou l'une des suivantes [Bacher à Desaix (copie de la lettre adressée à Pichegru), Bâle, 25 fructidor].

(4) Merlin de Thionville et Rivaud au gouvernement de Mannheim, Frankenthal, 2e jour complémentaire (18 septembre) (J. Reynaud, *loc. cit.*, p. 255).

(5) J. Reynaud, *loc. cit.*, p. 256.

(6) Travail de Legrand, *loc. cit.*, p. 38.

sée de Fribourg à Thugut le 17 septembre fournit la preuve de ces pourparlers aussi nuisibles qu'indiscrètement conduits. Elle signale en effet la venue à Mannheim quelques jours auparavant d'un officier français qui avait été reçu dans la ville malgré les protestations du général autrichien Kospoth. Cet officier avait même été admis chez le duc de Deux-Ponts et, au cours de l'entrevue, il aurait été question de la reddition de Mannheim ; Wurmser, informé de l'incident, aurait menacé de faire bloquer et détruire Mannheim par Quosdanovich, si la place voulait se rendre à l'ennemi (1).

Ignorant ces démarches (2), Pichegru ne pouvait donc, en ce qui concerne le choix du moment de la sommation, être guidé que par la question de l'arrivée des troupes destinées à profiter du passage. C'est ce qui explique la résistance qu'il aurait opposée à Merlin, impatient de hâter la capitulation (3). Il semble cependant qu'il se soit résigné à transiger, car c'est dans la nuit du 3º au 4º jour complémentaire que la sommation fut envoyée à la place (4). Les négociations durèrent jusqu'au 4 à midi (5). Il fut alors stipulé que Mannheim ouvrirait ses portes le lendemain à 4 heures de l'après-midi, après le départ des troupes palatines auxquelles étaient accordés les honneurs de la guerre. Tous les pontons en état de servir devaient être mis à la disposition des troupes françaises pour le rétablissement du pont (6).

---

(1) Vivenot, *Thugut, Clerfayt und Wurmser*, p. 224.
(2) D'après Decaen (voir J. Renaud, *loc. cit.*, p. 256).
(3) *Ibid.* — Voir dans *Les Armées du Rhin au début du Directoire*, Iʳᵉ partie, chap. V, d'autres exemples de l'intervention abusive de Merlin de Thionville dans des questions d'ordre purement militaire.
(4) Au lieu du 4º jour complémentaire, après l'arrivée de l'équipage de pont (Voir *supra*, p. 31, note 2).
(5) Pichegru au Comité de Salut public, Frankenthal, 4º jour complémentaire (20 septembre).
(6) Article 1ᵉʳ de la capitulation.

Le jour même de la signature de la convention, Pichegru annonçait cet important événement au Comité de Salut public et faisait connaître en ces termes ses intentions : « Je vais profiter de cette excellente tête de pont pour faire passer *le plus de troupes possible* sur la rive droite du Rhin pour intercepter toutes communications entre les généraux Clerfayt et Wurmser et empêcher que ce dernier ne se porte ou n'envoie des renforts contre l'armée de Sambre-et-Meuse (1) ».

§ 5. — Les effectifs engagés sur la rive droite.

Pour pouvoir faire passer des troupes sur la rive droite du Rhin, il fallait d'abord procéder au rétablissement du pont.

L'opération commença dès la signature de la capitulation au moyen des pontons appartenant à la partie du pont repliée sur la rive gauche du fleuve, lors de la capitulation de la tête de pont de Mannheim, le 5 nivôse an III (25 décembre 1794). Malheureusement, nos pontonniers, qui n'avaient encore jamais lancé de pont sur le Rhin, manquaient totalement d'expérience. La confusion fut augmentée par suite de la fâcheuse inspiration que l'on eut de vouloir combiner l'emploi du pont, en cours de construction, avec celui de bateaux (2). Ceux-ci, venant chercher les troupes à l'extrémité de la partie achevée, interrompaient à tout instant le travail de lancement. Il en résulta un retard considérable dans l'achèvement de l'opération qui ne fut terminée que le 5e jour

---

(1) Pichegru au Comité de Salut public, Frankenthal, 4e jour complémentaire (20 septembre). — (Les mots en italique ne sont pas soulignés dans le texte).

(2) Travail de Legrand, *loc. cit.*, p. 42.

complémentaire (21 septembre) à la nuit (1), d'après la relation officielle, et même le 6ᵉ jour complémentaire, d'après Legrand, dont les moyens d'information ont été très sérieux. Quant au passage des troupes, s'il avait été avancé pour quelques fractions, il se trouva, en réalité, fort retardé pour l'ensemble (2).

Par quels éléments de l'armée de Rhin-et-Moselle le nouveau pont allait-il pouvoir être immédiatement utilisé ?

Les ordres du 1ᵉʳ (ou 2ᵉ) jour complémentaire avaient eu pour objet, on l'a vu, de resserrer les 12ᵉ et 6ᵉ divisions dans la zone Oppenheim—Spire, à proximité de Mannheim, et d'amener le gros des 4ᵉ et 5ᵉ divisions dans la région Drusenheim—Selz, avec postes se prolongeant au Nord (5ᵉ division) jusqu'à Spire, au Sud (4ᵉ division) jusqu'à Strasbourg.

La prise de ce dispositif avait été terminée le 4ᵉ jour complémentaire (20 septembre) pour les 12ᵉ et 6ᵉ divisions (3), qui, placées près de l'origine des ordres (probablement Spire), n'avaient en outre que de faibles déplacements à effectuer.

Mais il n'en avait pas été ainsi pour les corps plus éloignés dont le mouvement n'avait évidemment commencé qu'après la transmission aux moindres unités des ordres donnés par le haut commandement. Si bien organisés que fussent les relais de correspondance, si actifs que pussent être les états-majors intermédiaires, il fallait nécessairement beaucoup de temps, en raison du front considérable sur lequel l'armée se trouvait déployée et

---

(1) Bulletin de l'armée de Rhin-et-Moselle, du 6ᵉ jour complémentaire.

(2) Travail de Legrand, *loc. cit.*, p. 42.

(3) Elles sont en effet stationnées à cette date dans la zone assignée [Rapport décadaire de l'armée de Rhin-et-Moselle du 30 fructidor au 6ᵉ jour complémentaire (16 au 22 septembre)].

de la dispersion extrême des troupes. Une grande partie de ces dernières était d'ailleurs employée à un service de surveillance sur la rive du Rhin et il est présumable que les postes durent attendre, pour quitter leurs emplacements, l'arrivée des détachements destinés à les remplacer. Toujours est-il que la 5e division, la plus rapprochée de Mannheim au Sud, après la 6e division, n'avait encore effectué aucun mouvement le 3e jour complémentaire (19 septembre). C'est seulement le lendemain que sa brigade de gauche, la brigade Lambert, put se mettre en route pour n'atteindre Spire que le 5e jour complémentaire (1). En admettant que cette brigade dût être appelée ensuite du côté de Mannheim, elle ne pouvait y arriver avant le 6e jour complémentaire (22 septembre); elle n'était donc disponible pour des opérations sur la rive droite du Rhin qu'à partir du 1er vendémiaire (2).

C'est probablement parce qu'il se rendit compte des difficultés créées par les distances que Pichegru prit le parti d'appeler du côté de Mannheim la 7e division qui faisait partie du corps devant Mayence et qui, groupée sur un espace restreint, pouvait être mise en route sans grande perte de temps. Cette décision dut suivre immédiatement la résolution, que fit naître l'intervention de Merlin, d'avancer le moment de la sommation. Les situations montrent en effet que cette division, précédemment chargée du secteur Oppenheim—Laubenheim, est en route dès le 4e jour complémentaire vers Mannheim (3). En même temps qu'il appelle la 7e division, Pichegru pres-

---

(1) Ces indications résultent de l'examen de la zone occupée le 3e jour complémentaire par cette division (Rapport décadaire de l'armée de Rhin-et-Moselle du 30 fructidor au 6e jour complémentaire).

(2) Cette brigade n'arrivera à Otterstadt que le 6e jour complémentaire (*Ibid*).

(3) *Ibid*.

crit aussi à la brigade Lambert de poursuivre sa route au delà de Spire, point que les ordres du 1ᵉʳ (ou 2ᵉ) jour complémentaire ne lui prescrivaient pas de dépasser (1).

En définitive, si on reconstitue la situation de l'armée de Rhin-et-Moselle au 5ᵉ jour complémentaire, date à laquelle Mannheim ouvre ses portes et où le pont est sur le point d'être achevé, on voit que les divisions sont ainsi réparties :

Les 1ʳᵉ, 2ᵉ et 3ᵉ sont au Sud de Strasbourg ;

La 4ᵉ, qui a commencé son mouvement la veille, se trouve dans la zone assignée : Strasbourg—Röschwoog ;

La 5ᵉ est arrivée dans son secteur Lauterbourg—Spire ;

La 6ᵉ a pris possession de Mannheim après le départ de la garnison palatine (2) et occupe des postes aux environs de la ville (3) ;

La 7ᵉ, qui la veille a forcé l'étape pour arriver à hauteur de Mannheim s'est établie en partie sur la rive droite (4) ;

La 8ᵉ a remplacé la 7ᵉ sur ses emplacements ; les 9ᵉ, 10ᵉ et 11ᵉ sont restées devant Mayence ;

La 12ᵉ est déployée d'Oppenheim au canal de Frankenthal.

Deux divisions sont donc à Mannheim le soir du 5ᵉ jour complémentaire. Il reste à proximité, dans un

---

(1) Bulletin de l'armée, du 2ᵉ jour complémentaire (18 septembre).

(2) Dès le 4ᵉ jour complémentaire, à 4 heures du soir, le 7ᵉ régiment de hussards, une compagnie d'artillerie légère et quelques corps d'infanterie avaient pris possession des ouvrages extérieurs. L'occupation de Mannheim fut complétée après le départ des Palatins (Rapport décadaire du 30 fructidor au 6ᵉ jour complémentaire).

(3) *Ibid.*

(4) Le Rapport décadaire porte que cette division s'établit le 5ᵉ jour complémentaire en avant de Mayence. D'après Legrand, les 6ᵉ et 7ᵉ divisions n'auraient achevé leur passage que dans la journée du 6ᵉ jour complémentaire.

rayon d'une forte étape, la réserve de cavalerie, la 12e division et une brigade de la 5e. Cette dernière a l'ordre de se rapprocher de Mannheim (1). Pourquoi Pichegru, qui, en écrivant au Comité de Salut public, a déclaré vouloir faire passer « le plus de troupes possible », n'a-t-il pas appelé aussi la 12e division et la réserve de cavalerie cantonnée dans la région d'Alzey?

Pour pouvoir expliquer le maintien de ces éléments, il est nécessaire de jeter un coup d'œil sur la situation générale de l'autre côté du Rhin.

Le 4e jour complémentaire, l'armée de Sambre-et-Meuse est arrivée sur la Lahn qu'ont franchie quelques divisions. Lefebvre est à Wetzlar et Weilburg; Championnet à Limburg; Poncet est en avant de Diez; Bernadotte a dépassé Nassau; Marceau est devant Ehrenbreitstein sommé depuis la veillle.

En face de l'armée de Sambre-et-Meuse, Clerfayt a reculé en apprenant que la gauche de Jourdan est entrée à Wetzlar et que, d'autre part, Pichegru vient de sommer Mannheim. Sa retraite, commencée pendant la nuit du 20 au 21 septembre, est orientée sur le front Neuenhain, Bierstadt, Biebrich. Pendant la journée du 21, arrive la nouvelle de la reddition de Mannheim. Pour préserver ses troupes du danger le plus pressant et pour conserver la liaison avec Wurmser, Clerfayt se résout alors à continuer sa retraite jusqu'en arrière du Main. Il atteint le 22 le front Schwanheim-Rüsselsheim, couvert sur la rive droite du Main par des avant-postes qui le relient, à Kastel, à la garnison de Mayence (2).

---

(1) Elle fait, en effet, mouvement le lendemain pour se porter à Otterstadt (Rapport décadaire du 30 fructidor au 6e jour complémentaire).

(2) Die Operationen am Rheine vom 8. bis 24. September 1795 (*Œstreichische militärische Zeitschrift*, 1832, fünftes Heft, p. 135 et suivantes).

Le cordon autrichien qui surveillait le Rhin en aval de cette ville s'était retiré dès le 21 sur Biebrich. Or, ce mouvement de retraite avait été aperçu et signalé par un rapport du chef de la 182e demi-brigade, appartenant au corps de blocus du général Schaal (1). Il est présumable que Pichegru en fut averti dans les vingt-quatre heures qui suivirent. A défaut de renseignements plus positifs provenant de l'armée de Sambre-et-Meuse (2), cette indication laissait présumer une marche rétrograde de l'armée du Bas-Rhin. S'il avait été dans les intentions de Pichegru de faire participer la 12e division aux opérations de la rive droite, la nouvelle du recul de Clerfayt sur le Main, survenant après le départ de la 7e division appelée à Mannheim, ne pouvait qu'engager ce prudent général à maintenir la 12e division le long du Rhin pour surveiller le fleuve et le relier au corps de blocus de Mayence, devenu le voisin immédiat de l'armée autrichienne (3). A plus forte raison devait-il trouver périlleux de prélever des troupes sur le corps du général Schaal : c'est pour ce motif, dit Abbatucci, qu'il laissa la réserve de cavalerie aux environs d'Alzey, à portée de Mayence (4).

Quoi qu'il en soit, après avoir masqué le mouvement de la 7e division pendant la journée du 4e jour complé-

---

(1) Rapport du chef de la 182e demi-brigade, 5e jour complémentaire, entre 11 heures et midi. — Ce rapport ne contient pas d'indication sur le point de départ. La 182e demi-brigade faisait partie de la 11e division dont le secteur de surveillance s'étendait à l'Ouest de Mayence, de Budenheim à Bingen.

(2) Il semble que Jourdan ne se soit pas suffisamment préoccupé de tenir Pichegru au courant de ses mouvements. Abbatucci, dans une note critique manuscrite sur la Campagne de 1795, dit que le défaut de correspondance entre l'armée de Sambre-et-Meuse et celle de Rhin-et-Moselle « était bien pernicieux ».

(3) Voir le croquis des combats de Heidelberg.

(4) Note manuscrite d'Abbatucci.

mentaire, la 12ᵉ reste immobile, continuant sa précédente mission de surveillance. Pichegru ne va donc disposer, sur la rive droite du Rhin, que des 6ᵉ et 7ᵉ divisions et de la brigade Lambert, de la 5ᵉ division. Encore cette brigade, parvenue à Germersheim et Spire le 5ᵉ jour complémentaire, n'arrive-t-elle que le 6ᵉ jour complémentaire à Otterstadt. Elle ne pourra donc être utilisée sur la rive droite, après son passage à Mannheim, que le 1ᵉʳ vendémiaire.

L'effectif total des 6ᵉ et 7ᵉ divisions et de la brigade Lambert atteignait, sur le papier, à la date du 6ᵉ jour complémentaire, environ 15,000 hommes (13,663 fantassins et 1,669 cavaliers). Bien qu'il n'ignorât point probablement le faible crédit qu'il fallait accorder aux situations d'effectif (1), Pichegru pouvait à la rigueur penser qu'il avait réalisé le programme annoncé au Comité de Salut public les 14 et 30 fructidor. Il paraît certain cependant que l'effectif total des éléments amenés par lui sur la rive droite du Rhin ne dépassait pas 12,000 hommes (2).

§ 6. — Les combats de Heidelberg.

Pendant les événements précédents, Quosdanovich était arrivé près de Mannheim. Le 20, il était à Schwetzingen. Il voulut alors, conformément aux ordres que Clerfayt lui avait envoyés le 14, faire relever par un de ses bataillons celui que l'armée du Bas-Rhin avait laissé dans la place. Le comte d'Oberndorf s'y refusa (3).

---

(1) *Les Armées du Rhin au début du Directoire*, IIᵉ partie, chap. III.
(2) Travail de Legrand, *loc. cit.*, p. 42. — En rendant compte du combat de Heidelberg, Pichegru estimait à 10,000 hommes l'effectif des troupes passées sur la rive droite (Pichegru au Comité de Salut public, Mannheim, 4 vendémiaire an IV).
(3) *Die Operationen am Rheine vom 8. bis 24. September 1795*,

Quelques heures après la capitulation était signée et, dès l'après-midi, les troupes républicaines prenaient possession des ouvrages extérieurs.

Quosdanovich, qui s'était avancé jusqu'à Seckenheim, rétrograda alors, avec ses 9 bataillons et ses 18 escadrons, sur la position Wiesloch — Heidelberg pour couvrir tout au moins les magasins de cette dernière place et conserver la liaison entre les deux armées autrichiennes. Il y était établi le 22 septembre au matin (1).

Au Nord du Neckar, à Lampertheim, se trouvait à la même date le corps de Zehentner, qui comportait primitivement 14 compagnies, 8 escadrons, et que le bataillon Mitrowski, retiré de Mannheim, était venu renforcer (2).

Les ordres donnés par Pichegru pour cette même journée étaient les suivants (3) :

Le général Dufour, qui commandait la 7e division, devait passer le Neckar, se porter sur Feudenheim, Wallstadt, Ladenburg, et pousser le lendemain 1er vendémiaire (23 septembre) des reconnaissances sur Weinheim.

Ambert, avec la 6e division, devait appuyer sa droite à la Wiesloch (Leimbach), à Brühl, sa gauche à Neckarhausen, et pousser le lendemain des reconnaissances sur Heidelberg.

Le 6e jour complémentaire (22 septembre) est donc simplement employé à prendre un peu de champ en avant de Mannheim. Une grande partie des troupes n'a probablement pu effectuer son passage qu'après

---

loc. cit., p. 135. — Le comte d'Oberndorf était le Ministre d'État de l'Électeur palatin.

(1) Die Operationen am Rheine vom 8. bis 24. September 1795, *loc. cit.*, p. 135 et 136.

(2) *Ibid.*

(3) Bulletin de l'armée de Rhin-et-Moselle, du 6e jour complémentaire.

(SEPTEMBRE 1795). 43

l'achèvement du pont, c'est-à-dire pendant la nuit ou la matinée (1). Elles sont, dit Legrand, « harassées de fatigues (2) ». On juge sans doute nécessaire de ne pas leur demander un effort qu'elles ne seraient peut-être pas susceptibles de fournir. Ce délai donnera, il est vrai, à la brigade Lambert le temps de se rapprocher, mais il n'en est pas moins regrettable que l'achèvement tardif du pont n'ait pas permis de faire, dès le 5e jour complémentaire, les reconnaissances dont le commandement avait besoin pour arrêter ses dispositions.

Le 1er vendémiaire (23 septembre), les 6e et 7e divisions exécutent les reconnaissances prescrites.

Sur la rive droite du Neckar, la division Dufour occupe Käferthal et Wallstadt où elle laisse une brigade et un peu de cavalerie pour faire des reconnaissances vers Lampertheim et Weinheim. Elle pousse ensuite sur Schriesheim et Dossenheim qu'elle enlève à l'avant-garde de Zehentner. Elle fait occuper ces villages par des détachements et, se tournant ensuite vers Heidelberg, enlève Neuenheim à la droite de Quosdanovich. La brigade Dusirat occupe donc à la fin de la journée cette dernière localité ainsi que Dossenheim et Schries-

---

(1) Le Bulletin de cette journée n'indique pas le moment de l'achèvement de cette opération. « Le pont jeté à Mannheim a été entièrement achevé hier à 8 heures du soir. Les 6e et 7e divisions ont passé le Rhin. Une brigade de la 5e a également ordre de le passer ». — D'après Legrand (*loc. cit.*, p. 40), le passage aurait continué pendant le 6e jour complémentaire. « Les troupes palatines, qui seules occupaient la place depuis plusieurs jours, se retirèrent le 6e jour complémentaire, à mesure que notre armée passa le pont ». — Le Bulletin du 6e jour complémentaire confirme le départ de la garnison palatine à cette date, et non le 5e jour, à partir de 4 heures du soir, comme il était convenu dans la capitulation.

(2) Nos troupes « passèrent le Rhin, harassées de fatigues, suite des marches forcées qu'elles venaient de faire et manquant de tout » (Travail de Legrand, *loc. cit.*, p. 39).

heim. Le gros est vers Ladenburg (1). Quant à Zehentner, coupé de Heidelberg, il s'est replié sur Heppenheim (2).

De l'autre côté du Neckar, la 6ᵉ division s'est avancée sur Heidelberg. Le soir, elle s'arrête sur ses positions; la brigade Davout, placée fort en flèche, se trouve à hauteur de Wieblingen. Le reste de la division est plus en arrière, mal relié à Davout, qu'Ambert croit beaucoup moins avancé (3).

La faible résistance éprouvée au cours de cette journée semble avoir induit Pichegru en erreur relativement aux forces autrichiennes stationnées dans le voisinage de Mannheim et lui avoir inspiré la résolution d'agir dans la direction du Main, sur les derrières de Clerfayt, en laissant un corps sur le Neckar pour arrêter tous les renforts qui viendraient du Haut-Rhin. C'est pour assurer un solide point d'appui à ce détachement qu'il veut, le 2 vendémiaire, occuper Heidelberg (4).

Ordre est donné en conséquence aux 6ᵉ et 7ᵉ divisions de s'emparer de cette ville (5). Ces divisions devront

---

(1) Note du général Dufour, insérée dans le travail de Legrand (p. 46 à 49).

(2) Die Operationen am Rheine vom 8. bis 24. September 1795, *loc. cit.*, p. 140.

(3) Travail de Legrand, *loc. cit.*, p. 43 et 44.

(4) « ..... J'ai balayé assez facilement les deux rives du Neckar, jusqu'aux montagnes, c'est-à-dire jusqu'à Heidelberg..... Ne pensant pas qu'il fût prudent de marcher sur le Main auparavant d'assurer un point d'appui à la gauche du corps de troupes que j'aurais laissé sur le Neckar pour en défendre le passage à tout ce qui viendrait du Haut-Rhin, voulant d'ailleurs profiter des quelques magasins que l'on dit établis à Heidelberg, je résolus de m'emparer de cette ville où l'ennemi ne paraissait pas avoir beaucoup de forces » (Pichegru au Comité de Salut public, Mannheim, 4 vendémiaire).

(5) Les ordres de Pichegru n'ayant pas été conservés, le récit qui va suivre a dû être tiré principalement du Travail de Legrand et de la relation publiée dans l'*Œstreichische militärische Zeitschrift* (*loc. cit.*, p. 140 à 150). Toutefois celle-ci contient des erreurs : elle place

(SEPTEMBRE 1795).

être couvertes sur leurs flancs extérieurs au moyen d'échelons constitués au Nord, vers Wallstadt et Käferthal, par la brigade Cavrois (7ᵉ division); au Sud, par la brigade Lambert (5ᵉ division) qui, arrivée depuis la veille, a pris la droite de la 6ᵉ division; cette brigade éclairera du côté de Wiesloch.

Obligé par la retraite de Zehentner de couvrir seul Heidelberg, Quosdanovich, de son côté, adopte les dispositions suivantes pour la journée du 24 septembre :

Bayalich, avec 2 bataillons et 2 compagnies, tiendra, sur la rive droite du Neckar, le front Handschuhsheim—Neuenheim : ce dernier village a été à la hâte organisé défensivement pendant la nuit du 23 au 24. 2 bataillons et 6 escadrons resteront en soutien à Heidelberg ;

Sur la rive gauche, Frehlich, avec 3 bataillons, 4 compagnies et 4 escadrons, est placé en avant de Heidelberg, la droite au Neckar; la gauche à Kirchheim, avec avant-postes à Wieblingen, Eppelheim et Bruchhausen ;

En avant de Wiesloch, Karaczay avec 2 bataillons et 8 escadrons couvre la gauche du dispositif.

Les ordres donnés par Pichegru pour la journée du 2 vendémiaire devaient donc avoir pour résultat de faire converger la 6ᵉ division, moins la brigade Cavrois, et la 7ᵉ division sur le front Handschuhsheim—Kirchheim occupé par 5 bataillons et 6 compagnies, coupé en deux par le Neckar, et soutenu seulement par une réserve de 2 bataillons et quelques escadrons. Le pont de Heidelberg assurait, il est vrai, à cette réserve des mouvements latéraux

---

au 22 septembre l'enlèvement de Schriesheim et Dossenheim et fait à tort reprendre ces points par Quosdanowich. Ces points étaient certainement dans la nuit du 23 au 24 en la possession de la 7ᵉ division : le premier objectif donné le 24 au matin à la brigade Dusirat a été en effet le village de Handschuhsheim. La Note remise par le général Dufour à Legrand est, sur ce point, très catégorique.

rapides, mais le succès obtenu le 1ᵉʳ vendémiaire par la brigade Dusirat plaçait déjà celle-ci sur le flanc droit de Bayalich (1). L'opération aurait donc eu des chances sérieuses de réussite si la simultanéité des attaques avait rendu difficile l'emploi de la réserve de Quosdanovich.

Un de ces incidents de détail qui se produisent à tout instant en campagne et qui mettent en péril les meilleures combinaisons allait malheureusement empêcher la 6ᵉ division de prononcer son mouvement en même temps que celui de la 7ᵉ.

Les ordres donnés par Pichegru, le 1ᵉʳ vendémiaire, portaient que l'attaque du lendemain serait exécutée au point du jour. Ambert ne les reçut qu'à 7 heures du soir (2). D'après ses instructions, il devait se concerter avec Dufour, qui tenait la rive droite du Neckar, et avec Lambert, dont il ignorait l'emplacement exact. Il se trouva donc fort embarrassé pour les rejoindre ou leur donner un rendez-vous « dans un si court espace de temps et au milieu de la nuit (3) ». Il ne put que faire parvenir un mot à Dufour pour le prévenir « qu'ayant reçu trop tard l'ordre du général en chef pour attaquer Heidelberg, la partie serait remise au lendemain matin 7 heures (4) ».

A la fin de la journée du 1ᵉʳ vendémiaire, la brigade Dusirat avait bivouaqué, on l'a vu, en avant de Ladenburg, continuant à tenir Schriesheim et Dossenheim, ainsi que la route de Darmstadt à Heidelberg (Bergstrasse). Le 2 à 7 heures du matin, elle se mit en mouve-

---

(1) Note de Dufour (Travail de Legrand, *loc. cit.*, p. 47).
(2) Travail de Legrand, *loc. cit.*, p. 43. — L'arrivée tardive de ces ordres s'explique par ce fait que Pichegru, pour pouvoir donner ses ordres du lendemain, devait nécessairement connaître les résultats des reconnaissances effectuées. Or, c'est seulement dans l'après-midi et dans la soirée que la 7ᵉ division était parvenue à Schriesheim et Dossenheim [Note de Dufour (Travail de Legrand, *loc. cit.*, p. 47)].
(3) Travail de Legrand, *loc. cit.*, p. 43.
(4) Note de Dufour (Travail de Legrand, *loc. cit.*, p. 47).

ment sur Heidelberg. Elle était déjà engagée devant Handschuhsheim, lorsque Davout fit connaître à Ambert qu'il n'était pas encore en mesure d'avancer et lui demanda de différer son attaque. La brigade Dusirat fut donc arrêtée et l'opération se trouva réduite à une simple canonnade (1).

La 6ᵉ division était, en effet, dans un certain désarroi. Ambert avait expédié ses ordres à minuit, mais on n'avait pu trouver Davout « par la raison que dans la soirée du 1ᵉʳ ce général avait toujours poussé en avant et qu'il se trouvait dans la nuit du 1ᵉʳ au 2, bivouaquant sur l'emplacement même qu'Ambert regardait comme devant être le lendemain à 7 heures le champ de bataille (2) ». Il en résulta d'abord que Davout ne fut que très tardivement au courant du rôle qu'il avait à jouer, puis que Ambert, croyant ce général beaucoup plus en arrière qu'il ne l'était réellement, retarda le mouvement de la brigade Bertrand destinée à opérer à sa droite.

Plusieurs heures furent ainsi perdues. La 7ᵉ division ne reprit son attaque sur Handschuhsheim que lorsque Davout, enfin renseigné et certain d'être couvert sur sa droite, put s'engager contre les avant-postes qui couvraient le front ennemi. Mais les Autrichiens, du haut des montagnes auxquelles leur ligne était adossée, avaient pu se rendre un compte exact de ce qui se passait. Ils avaient ainsi constaté que le retard de la 6ᵉ division leur donnait tout le temps d'employer leur réserve contre la 7ᵉ division, réduite de près de moitié par le détachement Cavroy laissé en échelon sur le flanc gauche, en arrière de Ladenburg. Exécutée avec beaucoup de décision, leur contre-attaque, précédée d'une charge de cavalerie des plus heureuses, obtint des résultats inespérés.

---

(1) Travail de Legrand, *loc. cit.*, p. 48.
(2) *Ibid.*, p. 43.

Écrasés sous le nombre, les 250 chasseurs à cheval de la 7ᵉ division furent dispersés (1). Quelques fractions s'enfuirent même d'une traite jusqu'à Mannheim (2). La brigade Dusirat prise à son tour en flanc par les escadrons autrichiens pendant que l'infanterie ennemie l'abordait de front, ne tarda pas, malgré l'énergie de Dufour, à être mise dans le plus grand désordre. Elle fut ramenée ainsi bien au delà de Ladenburg. La brigade Cavrois, prise ensuite à revers, eut beaucoup de peine à se dégager et à exécuter sa retraite.

Davout, bien que séparé de la division Dufour, lui eût peut-être épargné un désastre, s'il avait disposé de quelques canons pour balayer la rive opposée. Il était malheureusement dépourvu d'artillerie. Les munitions, d'ailleurs insuffisantes, avaient été par surcroît d'autant plus vite épuisées que nos troupes qui, depuis près d'un an, n'avaient pas combattu en rase campagne et que la fatigue avait sans doute un peu énervées, s'en étaient montrées fort prodigues dès le début (3).

La 6ᵉ division et la brigade Lambert s'étaient naturellement ressenties de la déroute de la 7ᵉ division et, comme elle, avaient dû regagner les abords immédiats de Mannheim.

Ramenées devant Mannheim, les troupes qui avaient pris part aux opérations des 2 et 3 vendémiaire allaient y séjourner pendant plusieurs semaines sans que Pichegru

---

(1) La 7ᵉ division ne disposait, au grand regret de son général, que des 250 chasseurs à cheval du 20ᵉ régiment [Note de Dufour (Travail de Legrand, *loc. cit.*, p. 47)]. Encore, convient-il de remarquer que ce régiment avait déjà été signalé par Merlin, comme particulièrement indiscipliné (Merlin de Thionville au Comité de Salut public, Strasbourg, 25 fructidor (11 septembre) (J. Reynaud, *loc. cit.*, p. 249).

(2) Pichegru au Comité de Salut public, Mannheim, 4ᵉ jour complémentaire.

(3) Travail de Legrand, *loc. cit.*, p. 45.

songeât à renouveler sa tentative. On a vu que les circonstances ne s'y prêtaient en aucune façon (1). L'armée de Sambre-et-Meuse, manquant de vivres, immobilisée sur le Main par le Comité de Salut public, qui exigeait qu'elle complétât avec sa droite le blocus de Mayence, n'était guère en état d'inquiéter Clerfayt entre le Main et le Neckar. Une grande partie de l'armée de Wurmser avait, d'autre part, redescendu le Rhin. Entre ces deux groupes de forces, dont la liaison était maintenant assurée, il eût été fort imprudent d'aventurer quelques divisions. L'occasion fugitive qui s'était offerte à Pichegru de battre Quasdanovich et d'assaillir ensuite Clerfayt sur ses derrières, ne devait plus se représenter.

§ 7. — Conclusion.

Quelque attention que l'on apporte à l'examen des événements qui se sont déroulés sur le Rhin, en amont de Mayence, pendant le mois de septembre 1795, il paraît impossible de voir, dans l'insuccès final, l'effet d'une volonté arrêtée du commandant de l'armée de Rhin-et-Moselle.

Si Pichegru ne donne pas immédiatement suite au projet de diversion dont il a, le 14 fructidor, annoncé la prochaine exécution au Comité de Salut public, c'est parce que les moyens de transport font totalement défaut pour amener l'équipage de pont là où il voudrait l'employer.

C'est pour cette même raison que, après avoir appris le passage de Jourdan à Uerdingen, passage qui ouvre le droit de bombarder Mannheim, il ne se hâte point de sommer la ville de lui ouvrir ses portes, avantage dont il lui serait impossible de tirer profit sur le

---

(1) Voir *supra*, p. 3.

moment. Les renseignements de Bacher, annonçant une invasion imminente de l'Alsace, l'obligent d'ailleurs à tourner toute son attention de ce côté, et c'est pour ce motif qu'il reste de sa personne à Illkirch jusqu'au 17 septembre (1).

Si, après avoir été délivré vers cette date des craintes légitimes que lui avait inspirées sa droite, il ne groupe pas vers Mannheim toutes les forces nécessaires à des opérations décisives sur l'autre rive du Rhin, l'explication s'en trouve dans les instructions fâcheuses du Comité de Salut public qui lui font une obligation de laisser d'importants effectifs sur le Haut-Rhin. S'il ne prélève pas d'autre part plusieurs divisions sur le corps de blocus de Mayence, c'est que, mal renseigné sur la marche et les progrès de l'armée de Sambre-et-Meuse, la faible distance à laquelle se trouve Clerfayt du corps du général Schaal ne paraît pas l'y autoriser (2). Eût-il été prudent dans ce cas de dégarnir des lignes dont le développement excessif exigeait, pour en assurer la protection efficace, un effectif supérieur à 30,000 hommes (3) ? L'examen de la situation respective des armées à la date du

---

(1) Desaix croyait lui aussi à la réalité du péril : « Tout annonça un passage. Tout était prêt pour cela. Les émigrés versaient l'or à pleines mains pour débaucher le soldat. Les prêtres n'épargnaient rien pour disposer les esprits en faveur des Autrichiens. Le Mont-Terrible refusait la Constitution. Les habitants avaient voulu s'emparer du fort de Blamont. Tout était prêt ; si les Autrichiens eussent agi de suite, ils passaient le Rhin. Huningue et Neuf-Brisach n'étaient point approvisionnés..... » (Note manuscrite de Desaix).

(2) On a vu (*supra*, p. 40) que c'est particulièrement pour ce motif que Pichegru laisse vers Alzey la réserve de cavalerie qui eût été si nécessaire, le 2 vendémiaire, pour repousser la cavalerie de Quosdanovich lors de sa charge sur la division Dufour.

(3) Voir à ce sujet l'intéressante discussion de Gouvion Saint-Cyr relative aux lignes de Mayence (*Mémoires sur les Campagnes des armées du Rhin et de Rhin-et-Moselle*, t. II, p. 246 et suivantes).

6ᵉ jour complémentaire (22 septembre) justifie d'ailleurs les appréhensions de Pichegru et montre qu'un hardi coup de main de Clerfayt par Mayence n'eût pas été impossible, car, à cette date, l'armée de Sambre-et-Meuse, attardée sur la Lahn, a laissé l'armée du Bas-Rhin lui dérober deux fortes étapes et s'établir en arrière du Main (1).

Pichegru n'a donc jamais été complètement maître ni de la question *nombre* ni de la question *moment* et, à ce point de vue, sa responsabilité ne saurait être engagée dans les conséquences malheureuses qui ont découlé de l'insuffisance des effectifs et de l'exécution tardive de la diversion sur la rive droite. Est-ce à dire que, s'il échappe sous ce rapport à toute critique sérieuse, il en soit de même en ce qui concerne la conduite de l'opération menée vers Heidelberg? N'y aurait-il pas lieu, en particulier, de l'incriminer gravement à propos de l'absence absolue de direction qu'on remarque dans la préparation et l'exécution du combat de la journée du 2 vendémiaire?

Bien que deux divisions et une brigade soient groupées en vue de l'enlèvement de Heidelberg, il n'en prend pas en effet la direction personnelle et, après les reconnaissances effectuées le 1ᵉʳ vendémiaire sur les deux rives du Neckar, c'est sur Ambert qu'il se décharge du soin de donner les ordres d'exécution pour les opérations du lendemain.

Or ce général, qui n'avait eu à s'occuper jusque-là que de sa division, était insuffisamment orienté sur les résultats déjà obtenus et se trouvait dans les conditions les plus fâcheuses pour préparer la coordination des mouvements ultérieurs.

Il en eût été autrement si Pichegru, mieux placé que ses divisionnaires pour avoir une vue d'ensemble, avait

---

(1) Voir le croquis des combats de Heidelberg.

donné lui-même les ordres relatifs à l'opération. Parvenus vers 7 heures à Ambert, ces ordres eussent probablement pu être communiqués à Davout avant la fin de la nuit (1). En tout cas Dufour et Lambert, mis au courant des intentions du commandement dix ou douze heures avant le début de l'opération, eussent été en mesure, dès le soir du 1ᵉʳ vendémiaire, d'entrer en relation avec Ambert. Ainsi aurait-on évité le décousu des attaques et la défaite de la 7ᵉ division, plus désastreuse encore en ses effets lointains qu'en ses conséquences immédiates.

Si cette abstention de Pichegru n'avait été qu'un fait isolé, on aurait peut-être pu en chercher la cause dans ses pourparlers avec les agents royalistes : mais cette abdication de sa personnalité était dans ses habitudes. A tous les moments de sa carrière, il semble avoir fui et les difficultés et les responsabilités inhérentes à l'exercice du commandement.

Cette attitude est particulièrement apparente au cours de la campagne de 1794. C'est ainsi qu'il se voit débarrasser avec plaisir du commandement de son aile droite, lorsqu'elle passe aux ordres directs de Jourdan (2). L'aile gauche de l'armée, qui prend le nom d'armée du Nord et reste placée sous son autorité immédiate, n'en sent pas davantage son impulsion. Elle reçoit surtout ses ordres et ses instructions de Souham qui, dans la pratique, se trouve ainsi investi du commandement sur tous les autres divisionnaires (3). La chose est si manifeste et si établie

---

(1) On a vu (*supra*, p. 47) que les ordres d'Ambert, expédiés seulement à minuit, ne purent être remis à Davout en temps utile.

(2) Le Comité de Salut public aux Représentants Choudieu et Richard, Paris, 20 prairial an II (8 juin 1794).

(3) Voir dans le Registre d'ordres de Souham les nombreux ordres adressés à des généraux de division. La plupart de ces ordres ont été

que l'on voit des généraux de brigade détachés rendre compte à Souham et non à Pichegru des événements survenus (1).

Pichegru paraît même éviter toutes les occasions de prendre une décision. Il est absent le jour où Souham et Moreau remportent la victoire de Tourcoing (2). Il ne rentre quelques jours après que pour causer par son intervention l'échec de Pont-à-Chin (3). C'est peut-être pour cette raison que, le jour de la seconde bataille d'Hooglède, il se trouve à 15 kilomètres du terrain du combat ; en tout cas, il ajourne d'heure en heure sa venue. Apprenant à 6 heures du soir que les affaires prennent mauvaise tournure, il annonce que cette fois il part et..... ne bouge pas (4).

Après la prise d'Ypres, Clerfayt se trouve dans une situation critique : « Nous espérons, écrit Moreau à Vandamme, que Pichegru viendra demain à Vilabeke, quartier général de Souham, où on arrêtera *quelque chose* (5) ». Mais Pichegru ne vient pas. Il n'arrive que

---

publiés (Colonel H. Coutanceau, *La Campagne de 1794 à l'Armée du Nord*).

(1) Voir à titre d'exemple le compte rendu de l'adjudant général Calandiny à Souham, du 28 juin ; il débute ainsi : « Le général en chef ayant recommandé au général Thierry d'entretenir avec toi une correspondance suivie et de l'instruire de tout ce que pourraient remarquer les détachements que nous envoyons à la découverte, je m'empresse d'obéir à ses ordres en te communiquant le rapport du chef de bataillon que nous avons établi à Dantigny..... » [L'adjudant général Calandiny à Souham, Moulin Cornelis, 10 messidor an II (28 juin 1794)].

(2) 28-29 floréal an II (17-18 mai 1794).

(3) 3 prairial an II (22 mai 1794).

(4) Pichegru à Moreau, Zonnebeke, 25 prairial an II (13 juin 1794), 6 heures soir. — La correspondance postérieure à cette lettre continue, dans la même journée, à être datée de Zonnebeke.

(5) Moreau à Vandamme, Roosebeke, minuit, 3 messidor an II (21 juin 1794).

le surlendemain. Fort heureusement, de fortes reconnaissances, ordonnées par Souham, ont déjà forcé Clerfayt à reculer en désordre sur Gand (1).

Avec une telle mentalité et une personnalité aussi peu accusée, Pichegru, privé de ses anciens conseillers, était incapable de voir toute la portée d'une opération vigoureusement menée par Mannheim, même après l'arrivée de Quosdanovich à Heidelberg. En appelant à lui la 12ᵉ division et la réserve de cavalerie d'Alzey, qui étaient en mesure d'intervenir dès le 1ᵉʳ vendémiaire, ainsi que la 2ᵉ brigade de la 5ᵉ division, susceptible d'être employée le 2 vendémiaire, il eût sans peine écrasé Quosdanovich et du même coup rendu La Tour peu dangereux. Bien que, les 5ᵉ et 6ᵉ jours complémentaires, Jourdan eût laissé Clerfayt reprendre du champ, celui-ci n'eût point osé ensuite, ayant à dos l'armée de Sambre-et-Meuse, attaquer les 20,000 ou 25,000 hommes amenés par Pichegru sur la rive droite du Rhin. Le sort de la campagne eût été ainsi singulièrement modifié. Évidemment l'opération n'allait point sans risques ni sans difficultés d'exécution, mais conduite par un général décidé et énergique, elle avait toutes les chances de réussir. N'était-ce point d'ailleurs la meilleure manière d'empêcher Clerfayt de tenter un coup de main par Mayence sur le corps de Schaal que de le menacer lui-même directement, en se portant entre le Neckar et le Main et en prévenant Jourdan de l'exécution de cette manœuvre ?

Intelligent mais irrésolu, manquant de caractère et

---

(1) Dans son numéro du 29 fructidor an III (15 septembre), antérieur aux événements de Mannheim, la *Gazette de France* publia la lettre d'un officier d'artillerie, Gaspard, contestant à Pichegru les hautes qualités de commandement qu'on lui prêtait et attribuant à ses subordonnés le mérite de ses succès, lesquels avaient été surtout remportés en son absence (G. Caudrillier, *loc. cit.*, p. 102 et 103).

d'audace, Pichegru n'était point l'homme qui convenait à des opérations offensives pour le succès desquelles il fallait compter non seulement avec l'ennemi, et avec les obstacles accumulés par l'ingérence du Comité ou des Représentants dans les opérations militaires, mais aussi avec la pénurie des moyens matériels. C'est en effet vainement que, depuis longtemps, les généraux et les Représentants avaient signalé au Gouvernement l'état déplorable dans lequel se trouvaient les différents services de l'armée, par suite de l'épuisement des ressources locales et de la crise financière générale (1). Ils avaient encore renouvelé leurs plaintes à la veille même des opérations de Mannheim et fait ressortir aussi l'affaissement moral des troupes, conséquence des privations excessives qu'elles avaient endurées (2). Le 15 fructidor, Ramboz, accusateur militaire à l'armée de Rhin-et-Moselle, avait averti les Représentants aux armées que, dans l'espace des quinze derniers jours, l'armée devant Mayence était passée « à l'état d'indiscipline le plus effrayant », et s'était déclaré impuissant à rétablir le bon ordre (3). Pichegru et Reubell appor-

---

(1) Capitaine H. Bourdeau, *loc. cit.*, Ire partie, chap. 3 et 5; IIIe partie, chap. 1, 2 et 3.

(2) *Ibid.* — « Il faut de l'argent ou je ne puis répondre du sort de l'armée » [Martellière, commissaire-ordonnateur en chef de l'armée de Rhin-et-Moselle, aux Représentants aux armées, Strasbourg, 9 fructidor (26 août)]. — « Ce qui met encore le comble à nos inquiétudes, car il faut que vous sachiez tout, c'est que nos armées et nos places sont sans vivres » (Reubell au Comité de Salut public, Huningue, 12 fructidor). — Le même au même, 22 fructidor; Pichegru au Comité du Salut public, Illkirch, 23 fructidor. — « Nous manquons de chevaux, de voitures, de fonds et de vivres..... Mais j'en reviens toujours à mes moutons, des fonds pour assurer tous les services, sans quoi nous ne pourrons pas dire : *Ça ira* » (Reubell au Comité du Salut public, Strasbourg, 30 fructidor).

(3) Ramboz aux Représentants aux armées, Partenheim, 15 fructidor.

taient à la même époque au Comité des affirmations identiques, et le premier démontrait que, par suite de la mauvaise organisation de la justice militaire, le commandement était singulièrement mal armé pour faire régner la discipline (1).

La tâche de vaincre sur la rive droite du Rhin n'eût donc point été aisée même pour un général doué des qualités de caractère et d'activité que Pichegru ne possédait pas. Aussi, pour comprendre et expliquer ses actes au cours de la campagne de 1795, particulièrement en septembre, point n'est besoin de faire intervenir l'hypothèse d'une trahison, conséquence de ses pourparlers avec le prince de Condé.

Peut-on, au surplus, invoquer sérieusement contre Pichegru des arguments tirés de ses pourparlers antérieurs aux événements de Heidelberg? Jusqu'à cette date, il a eu avec des agents royalistes quatre entretiens (2). La seule preuve matérielle de l'intérêt qu'il aurait apporté à l'objet de ces conversations, consiste dans un laconique billet non signé et ainsi conçu : « Z... a reçu les pièces de X... et les examinera pour en faire usage dans les circonstances convenables. Il aura soin d'en prévenir X.... (3) » Ce billet, s'il est de Pichegru et s'il se rapporte réellement à des offres de Condé — ce que rien ne prouve — est vraiment peu compromettant. N'est-ce point d'ailleurs cinq jours après la remise de ce document que le commandant de l'armée de Rhin-et-Moselle a spontanément proposé au Comité de faire une diver-

---

(1) Pichegru au Comité du Salut public, Illkirch, 23 et 30 fructidor. — Reubell au Comité de Salut public, Strasbourg, 22 et 30 fructidor.

(2) G. Caudrillier, *loc. cit.*, *passim*.

(3) *Ibid.*, p. 54.

(SEPTEMBRE 1795).

sion par Oppenheim et Mannheim (1), à 250 kilomètres de Bâle où Condé désirait le voir lui amener son armée (2)? Le billet de Pichegru ne paraît donc guère tirer à conséquence.

Les propos qu'on lui a attribués auraient plus de portée, s'ils étaient exacts, mais il est fâcheux pour ceux qui soutiennent la thèse de sa trahison que ces propos ne reposent que sur le témoignage d'intermédiaires intéressés, et quels intermédiaires !

C'est d'abord Badonville, l'adjudant général attaché à la personne de Pichegru, véritable personnage de vaudeville, qui s'était chargé de faire passer au général les lettres et communications des agents royalistes et qui leur communiquait ses « réponses verbales ». Curieuses et caractéristiques sont les indications que donne à son sujet un auteur très convaincu cependant de l'efficacité de son rôle : « Badonville, l'homme de confiance de Pichegru...... a joué dans l'intrigue un rôle décisif. Il était du même âge que Pichegru et presque du même pays ; il avait servi comme lui dans l'artillerie et fait la campagne d'Amérique. Comme lui, sous-officier jusqu'à la Révolution, gâté par un long séjour aux Antilles, homme à bonnes fortunes et grand buveur, il se résignait avec peine aux privations qu'enduraient les soldats et les officiers de l'armée de Rhin-et-Moselle..... (3) ». C'est lui qui servait d'intermédiaire entre Pichegru et l'agent de Condé, Fauche-Borel, quand celui-ci séjournait dans le voisinage du quartier général, à l'affût d'une audience que Pichegru faisait longtemps attendre, même quand il consentait à l'accorder (4). « Sans doute, il

---

(1) Voir *supra*, p. 11.
(2) G. Caudrillier, *loc. cit.*, p. 46.
(3) *Ibid.*, p. 43.
(4) *Ibid.*, *passim*.

adoucissait les refus, grossissait les promesses, sollicitait de bonnes paroles en échange des gros pourboires du libraire (1). Celui-ci, tout cousu d'or, vrai phénomène en ces temps de misère, lui donnait une montre, du beau linge, de l'argent de poche. L'ancien sous-officier, Coco, ou Cupidon de son nom de guerre, s'attachait aux pas de Fauche, ne le « quittait plus », refusait de le laisser partir avant qu'il eût « placé le reste de ses marchandises », écrivait un « *petit bonjour* » sur les lettres envoyées à Müllheim, expédiait par le même courrier des *billets* de sa grosse écriture, billets semés de fautes d'orthographe (2) et qu'il signait : « Votre ami pour la vie, Cupidon ! (3) »

On conçoit qu'un tel personnage ne devait pas être embarrassé pour prêter à Pichegru le langage le plus propre à stimuler la générosité de son riche client. On devine aussi quelle était probablement la destination des sommes dont il se chargeait d'assurer la remise à Pichegru. Ce qui surprend, c'est le crédit qu'on a pu attribuer à ses propos. Ses billets ont cependant formé le fond principal de la documentation sur laquelle on s'est appuyé pour démontrer la culpabilité de Pichegru, dont le tort le plus grave, en la circonstance, fut d'avoir auprès de lui un ami aussi bavard, aussi intéressé et aussi compromettant.

Les autres intermédiaires qui reliaient Pichegru à Condé étaient, à cette époque, Fauche-Borel, Courant,

---

(1) Un reçu de Badonville conservé au Record Office suisse, indique la forme de ces pourboires : « J'ai reçu de Courant et de Fauche la somme de dix louis pour objets remis le 20 août 1795 » (G. Caudrillier, *loc. cit.*, p. 43, note 3).

(2) A titre d'exemples : « Nous réalizerontz toute la paccotille » ou encore « Prenez uppeut de passiance » (*Ibid.*, p. 112).

(3) *Ibid.*, p. 111.

qui n'était que la doublure de Fauche-Borel, et Montgaillard.

Le premier était « relativement désintéressé, suffisamment intelligent pour remplir la mission qu'on lui confiait, mais vaniteux à l'excès et prompt aux illusions (1) ». Ce jugement, appuyé sur une solide enquête documentaire, fera trouver moins surprenante la confiance naïve que Fauche accorda aux bavardages de Badonville ; mais il autorise aussi quelques doutes sur l'exactitude des

---

(1) G. Caudrillier, *loc. cit.*, p. 41. — Voici en quels termes Ch. Nodier, compatriote de Fauche-Borel et qui fut en relations avec lui, s'exprime à son égard : « Fauche-Borel était une espèce de bon homme, sincèrement attaché aux Bourbons, vulgaire et naïf de nature, actif et remuant d'instinct, serviable par sentiment comme un bon Suisse, plus serviable encore quand il y avait quelque chose à gagner à l'être, comme le Suisse du proverbe..... Il ne faut pas croire pour cela que Fauche fût un menteur systématique. Il croyait profondément tout ce qu'il s'était raconté à lui-même et je ne l'ai jamais vu varier dans le thème grossier de ces happelourdes qu'on a fait semblant de prendre pour argent comptant de Mittau à Varsovie, de Varsovie à Hartwell et de Hartwell aux Tuileries » (Ch. Nodier, *Souvenirs et Portraits de la Révolution*, p. 336).

F. Barbey, qui cite ce passage, trouve le jugement de Nodier un peu sévère, mais il n'en reconnaît pas moins que Fauche-Borel fut un « hâbleur » et « un parfait intrigant » (F. Barbey, *Les Mémoires de Fauche-Borel, Revue historique*, juillet-août 1909, p. 327).

Barras, dans ses Mémoires, traite l'agent royaliste de « cynique intrigant » et d' « imposteur libelliste » (*Mémoires de Barras*, publiés par G. Duruy, p. 433).

G. Caudrillier, qui base en partie ses accusations contre Pichegru sur le témoignage de Fauche-Borel, dit de lui : « Fauche-Borel n'est pas un malhonnête homme ; mais il faut contrôler ses dires : trop souvent il prend ses désirs pour la réalité ; son imagination travaille et déforme ; il est vaniteux ; il entend faire valoir ses services ». (G. Caudrillier, *loc. cit.*, p. XIV).

La moralité de Fauche-Borel paraîtra d'autant plus douteuse quand on saura que le fidèle serviteur des Bourbons n'hésita pas à offrir ses service à la police de Bonaparte [Fauche-Borel à Réal, 10 pluviôse an XII (Archiv. nat., F 7, 6319 A)].

propos que cet agent prétend lui avoir été tenus par Pichegru en personne, doutes auxquels diverses contradictions donnent une sérieuse consistance (1).

C'est Montgaillard qui, recevant les comptes rendus de Fauche-Borel ou de Courant, les traduisait en rapports emphatiques, emplis de flatteries grossières, destinés à être mis sous les yeux de Condé. Il suffit de suivre ce singulier intermédiaire dans sa besogne, de le voir dénaturer les déclarations apportées par Fauche, et même imaginer des documents inexistants, pour être pleinement édifié sur la valeur des affirmations nées sous sa plume fantaisiste (2).

Quel crédit doit-on dès lors attribuer à des accusations dont la base principale repose sur des commérages de Badonville ou des propos rapportés par Fauche-Borel et amplifiés probablement par lui, commérages et propos presque sûrement travestis par Montgaillard ? A tout instant d'ailleurs, dans les relations que ces deux derniers personnages ont laissées, éclatent de graves contradictions. Il est visible qu'ils se jalousent (3) et ne peuvent même pas s'accorder sur la part réelle que chacun d'eux a prise aux événements (4). N'est-il pas

---

(1) Voir par exemple G. Caudrillier, *loc. cit.*, p. 45, notes 3 et 5; p. 54, note 3.

(2) C'est ainsi qu'il dénature gravement les offres faites à Pichegru par Condé, ainsi que le rapport établi par Fauche-Borel à la suite de son entrevue du 20 août par Pichegru et qu'il imagine une lettre écrite le 20 août par Pichegru à Condé et remise à ce dernier le 21 (*Ibid.*, p. 45, note 2, et p. 47, notes 1 et 2). Il va jusqu'à prêter à Pichegru un plan d'action complet pour amener son armée à Condé par Bâle (*Ibid.*, p. 51, note 5). C'était « un intrigant sans conviction » qui servit tous les partis (*Ibid., loc. cit.*, p. III). Comme Fauche-Borel, il se mit à la disposition de la police de Bonaparte [Note au Ministre de la police générale, 9 messidor an IX (Arch. nat., F 7, 6279, dossier 5621)].

(3) G. Caudrillier, *loc. cit.*, p. 52 et 55, notes 2 et 4.

(4) Fauche prétend par exemple que c'est lui-même qui eut une

imprudent, dans ces conditions, de prétendre qu'il existe une relation étroite entre l'échec de Mannheim et les intrigues de Pichegru (1), intrigues qui, de l'aveu même des intermédiaires intéressés à se prévaloir des résultats obtenus, ne leur procuraient en septembre que des déceptions (2)?

Que Pichegru ait été préoccupé, comme le prétendaient Fauche-Borel et Montgaillard, de l'état intérieur de la République, qu'il ait souhaité un ordre de choses plus stable et plus propice aux intérêts moraux et économiques du pays, qu'il ait étudié les conditions dans lesquelles cette transformation politique pouvait être amenée, qu'il ait même envisagé quelques hypothèses d'action, cela ne fait de doute pour personne. Mais ce que l'examen très attentif de ses actes permet d'affirmer aussi, c'est que l'on aurait tort de voir, dans ses conversations avec les agents de Condé, la raison essentielle de l'échec des opérations de vendémiaire an III sous Mannheim. Les causes, on l'a vu, en étaient tout autres. D'ailleurs Pichegru n'était pas homme à s'engager plus à fond avec les émigrés qu'avec l'ennemi. Homme politique ou chef militaire, il était de ceux qui laissent surtout au hasard, au temps et à l'initiative de leurs amis ou sous-ordres, le soin de renverser les obstacles devant lesquels leur esprit ne s'arrête que pour trouver un prétexte à l'inaction, non pour chercher un moyen de les abattre; mais « le génie de la Liberté », qui lui avait toujours souri et qu'il invoquait encore le 23 messidor (3), ne pouvait lui

---

entrevue avec Pichegru le 8 septembre; Montgaillard affirme que c'est Courant (G. Caudrillier, p. 54, note 3).

(1) *Ibid.*, chapitre III, section VIII (Relation entre l'intrigue et la défaite).
(2) *Ibid.*, p. 52 à 60.
(3) Voir *supra*, p. 14.

être éternellement favorable. Sa fortune militaire, étayée sur des bases trop fragiles, devait inévitablement sombrer au contact des mille difficultés que comportait alors la conduite d'une armée. Les véritables auteurs de l'échec de la campagne de 1795 sont ceux qui, prenant le silence de Pichegru pour de la réflexion, sa prudence extrême pour du calcul, son inertie fréquente pour du sang-froid, avaient confié à ce médiocre général les destinées militaires de la République.

Campagne de 1795
—
Combats d'Heidelberg
—
La Situation le 22 Septembre au soir.

Échelle 1/500,000

Français Autrichiens
→ Mouvements du 23

TABLE DES MATIÈRES

	Pages.
1. La campagne de 1795 et le rôle attribué à Pichegru	1
2. Le projet de diversion par Oppenheim	7
3. Obstacles à la diversion	13
4. La capitulation de Mannheim	25
5. Les effectifs engagés sur la rive droite	35
6. Les combats de Heidelberg	41
7. Conclusion	49

CROQUIS

Situation de l'armée de Rhin-et-Moselle et de l'armée autrichienne du Haut-Rhin vers le 14 septembre (1/1,000,000°).

Combats de Heidelberg : la situation le 22 septembre au soir; mouvements du 23 (1/500,000°).

PARIS. — IMPRIMERIE R. CHAPELOT ET Cⁱᵉ, RUE CHRISTINE, 2.

www.ingramcontent.com/pod-product-compliance
Lightning Source LLC
LaVergne TN
LVHW051512090426
835512LV00010B/2489